ÍNDICE

INTRODUCCIÓN 4
Drogas y bebidas alcohólicas

OBJETIVOS DEL CURSO 5

CÓMO USAR ESTE CURSO 6

UN VISTAZO A ESTE CURSO 8

PÁGINA DE PUBLICIDAD 9

LECCIÓN 1 11
La seducción
Ayudar a los adolescentes a reconocer y saber cómo responder a la seducción de las drogas y las bebidas alcohólicas.

LECCIÓN 2 21
¿Sólo un trago?
Ayudar a los adolescentes a evaluar lo que arriesgan al experimentar con las bebidas alcohólicas.

LECCIÓN 3 29
Cómo evitar las drogas
Ayudar a los adolescentes a entender los beneficios de permitirle a Dios, y no a las drogas, que controle su vida.

LECCIÓN 4 37
Cómo vencer la tentación
Ayudar a los adolescentes a desarrollar maneras prácticas para alejarse de las drogas y las bebidas alcohólicas.

IDEAS ADICIONALES 45

INTRODUCCIÓN

DROGAS Y BEBIDAS ALCOHÓLICAS

—¡Oye, Guillo!

Guillo se volvió al oír su nombre. Vio a Juan acercándosele, avanzando por entre la multitud en los pasillos.

—¿Ya lo sabes? Mis padres saldrán de la ciudad este fin de semana. La fiesta será en casa esta noche, a las seis. ¿Vienes?

—¿Estás bromeando, verdad?

—No. Te lo digo en serio. Además ya sé donde mis padres tienen la llave del armario de los licores. Oye, tal vez deberías pensar en pasarte todo el fin de semana en mi casa. Será alucinante.

La mente de Guillo estaba ya tratando intensamente de hallar razones creíbles que podría dar a sus padres para pasar el fin de semana en casa de Juan.

> Una encuesta reciente entre adolescentes creyentes, realizada por un instituto de investigación, descubrió que el 42 por ciento de los muchachos y el 46 por ciento de las muchachas se emborracharon por lo menos una vez el año anterior.

Ramón no podía creer lo que escuchaba. Había oído acerca de los vendedores de drogas que merodeaban en los alrededores de su colegio, pero nunca se había encontrado con uno, hasta ahora.

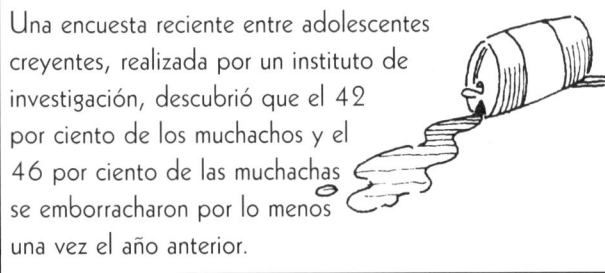

—Bien, ¿me compras? Vamos, te hará sentir en forma fantástica. Todos necesitamos relajarnos un poco de vez en cuando. Mira, te daré un buen precio.

—¡Fuera de mi camino! ¡Desaparécete!

—Que pena chico, creí que eras avispado...

> El Concilio Estadounidense pro Educación contra la Droga [The American Council for Drug Education] informa que antes de cumplir los 16 años, a uno de cada tres adolescentes alguien lo invita a comprar o usar drogas.

Juanita había tratado de hacerse amiga de Graciela, pero no había sido fácil. Los demás jóvenes también se mantenían a distancia de ella. Un día, Juanita descubrió por qué. A medida que se acercaba al pupitre de Graciela, la vio poner rápidamente una ampolleta de nuevo en su cartera.

—¿Qué es eso? —le preguntó Juanita sin sospechar nada—. Graciela no contestó. Pero, por la manera en que la miró, no hizo falta que dijera nada; Juanita supo que Graciela estaba usando drogas.

• • •

> En una encuesta hecha recientemente, uno de cada cinco adolescentes informó que en sus colegios el uso de drogas es cosa común.

Con frecuencia los adolescentes se encuentran enfrentándose al problema del uso de sustancias estupefacientes. Algunas veces hasta los miembros de sus propias familias son los que las usan. Otras veces, sus mejores amigos son los que han caído en el uso de las drogas o las bebidas alcohólicas.

LAS DROGAS Y LAS BEBIDAS ALCOHÓLICAS

Un curso de cuatro semanas para ayudar a los adolescentes a evitar los peligros de las drogas y las bebidas alcohólicas.

Por Steve y Annie Wamberg

Editorial Acción®

Un departamento de la editorial "Group Publishing" Loveland, Colorado, EE.UU.

Editorial Acción®

Un departamento de la
editorial "Group Publishing"

Las drogas y las bebidas alcohólicas
Copyright © 1996 por Group Publishing, Inc.
Publicado originalmente en inglés por Group Publishing, Inc. bajo el título de *Drugs* & *Drinking* © 1990

Se reservan todos los derechos. Ninguna parte de este libro puede reproducirse, de ninguna forma, sin el previo permiso de la editorial, con excepción de las hojas de ejercicios para el alumno y en el caso de citas breves en artículos y crónicas relativos a la obra. Para mayor información escriba a *Permissions, Group Publishing, Inc., Dept. BK. Box 481, Loveland, CO 80539, EE.UU.*

Editor general: Esteban Saavedra
Traductora: Sandra Leoni
Editor: Miguel Mesías
Revisor: Vicente Bogin
Diseño de la tapa: Randall Miller Design
Diseño gráfico: Vivian Lawrence
Ilustraciones: Raymond Medici
Fotografía en la p. 9: Jeff Buehler
Ilustración en p. 36: Ron Wheeler

ISBN 1-55945-664-7
Impreso en los Estados Unidos de Norteamérica

10 9 8 7 6 5 4 3   02

Si bien algunos jóvenes se dan perfecta cuenta de los peligros de las drogas, muchos aún se sienten presionados a experimentar las drogas y el licor. Este curso les dará a sus adolescentes el consejo práctico, desde una perspectiva cristiana, de cómo encarar las drogas y las bebidas alcohólicas.

¿Usarlas o no usarlas? Esa es la cuestión en cuanto a las drogas y las bebidas alcohólicas. Los patrones para la vida en el futuro se suelen establecer en la temprana adolescencia. ¿De qué manera se puede alentar a los jóvenes a desarrollar una actitud que considera que lo mejor es evitar el uso de las drogas y las bebidas alcohólicas?

La iglesia desempeña un papel de suma importancia para que los adolescentes y jóvenes desarrollen esta actitud hacia las drogas y las bebidas alcohólicas. Los adolescentes podrán ver cómo el uso de estas sustancias ha estado en medio nuestro desde los tiempos bíblicos. Podrán aprender cómo Dios quiere darles vidas provechosas, apartadas de las drogas y las bebidas alcohólicas. Podrán descubrir cómo Dios puede ayudarlos a convertirse en ejemplo positivo para los demás.

Este curso brinda a los adolescentes la posibilidad de examinar y dialogar sobre las tentaciones de las drogas y el licor. Aprenderán cómo pueden disfrutar de la presencia de Dios en lugar de las drogas, y dedicarán tiempo a desarrollar estrategias prácticas para decir "no" a las drogas y las bebidas alcohólicas.

OBJETIVOS DEL CURSO

Al finalizar este curso sus alumnos podrán:
- examinar las tentaciones de las drogas y las bebidas alcohólicas;
- identificar los riesgos personales del uso de esas sustancias;
- explorar pasajes bíblicos que nos advierten en contra de las momentáneas sensaciones placenteras que ofrece el uso de las drogas y las bebidas alcohólicas.
- dialogar sobre los pasajes bíblicos que muestran cómo la relación con Dios es la clave para evitar y alejarse de la trampa del uso de estas sustancias.
- considerar su proceder como ejemplo y ayuda para sus compañeros;
- encontrar alternativas prácticas para evitar el uso de drogas y licores; y
- desarrollar maneras prácticas de decirle "no" a las drogas y al licor.

CÓMO USAR ESTE CURSO

APRENDIZAJE ACTIVO

Piense en una lección muy importante que usted haya aprendido en la vida. ¿La aprendió leyendo? ¿Porque alguien se la dijo? ¿Por experiencia propia? Con toda probabilidad las lecciones más importantes que usted ha aprendido provienen de sus propias experiencias. El aprendizaje activo es precisamente eso: aprender haciendo. Este aprendizaje activo es el elemento clave en la serie Programas Bíblicos Activos de esta editorial.

El aprendizaje activo guía a los alumnos a hacer cosas que los ayudan a entender principios, mensajes e ideas importantes. Es un proceso de descubrimiento que ayuda a los jóvenes a apropiarse de lo que aprenden.

Cada sección de las lecciones de los Programas Bíblicos Activos de esta editorial desempeña un papel importante en el aprendizaje activo.

La **apertura** involucra a los jóvenes en el tema de una manera divertida y singular.

La **acción y la reflexión** incluye una experiencia destinada a evocar sentimientos específicos en los alumnos. Asimismo, esta sección procesa dichos sentimientos mediante la pregunta "¿cómo te sientes?" y aplica el mensaje a la situación que los jóvenes enfrentan.

La **aplicación bíblica** conecta activamente el tema con la Biblia. Además, ayuda a los jóvenes a ver de qué manera la Biblia es pertinente a las situaciones que ellos enfrentan.

La sección de **compromiso** ayuda a los alumnos a apropiarse del mensaje de la Biblia y a comprometerse a hacer cambios en sus vidas.

La **clausura** dirige el mensaje de la lección a un momento de reflexión creativa y oración.

Al reunir todas las secciones usted tiene una lección que es a la vez divertida para enseñar y permite a los jóvenes captar un mensaje que recordarán.

ANTES DE EMPEZAR ESTE CURSO

• Lea la introducción, los objetivos del curso y la sección "Un vistazo a este curso."

• Decida cómo hará la publicidad para este curso. Puede usar la publicidad que se sugiere en la página 9, o adaptarla según crea conveniente para su situación en particular. Prepare volantes, artículos y cartelones, según necesite.

• Fíjese en la sección "Ideas adicionales" (p. 45) y decida cuáles usará.

ANTES DE CADA LECCIÓN

- Lea la primera parte, los objetivos y la base bíblica de la lección. La base bíblica le mostrará cómo ciertos pasajes específicos se relacionan con los adolescentes de hoy.

- Seleccione una de las opciones de la apertura y de la clausura para usar. Cada una de ellas es apropiada para un diferente grupo de jóvenes. La primera opción suele ser más activa.

- Reúna los materiales necesarios mencionados en la sección "Un vistazo a este curso." Si no es posible conseguir algún material en particular, busque algo que pueda servir en su lugar.

- Lea cada sección de la lección. Haga los ajustes y adaptaciones necesarias según el tamaño de su clase y el salón en donde se reúnan.

SUGERENCIAS ÚTILES

- Los minutos señalados le darán una idea aproximada de cuanto puede durar cada actividad. Cada lección está diseñada para cubrir un período de 35 a 60 minutos. Alargue o acorte las actividades según las necesidades de su grupo.

- Si le sobra tiempo desarrolle una o dos actividades de las que se indican en la sección, "Si aún le queda tiempo..." o en la sección, "Ideas adicionales" (página 45).

- Participe de lleno en las actividades con los adolescentes y jóvenes. No sea tan sólo un espectador. La lección será más eficaz y gratificante si usted y sus alumnos participan juntos.

- Las respuestas que se dan después de las preguntas para el diálogo son ejemplos de las que sus alumnos *podrían* dar. No son las únicas respuestas ni tampoco las únicas correctas. Si lo necesita, úselas para estimular el diálogo o el intercambio de ideas. Los adolescentes y jóvenes no siempre dicen lo que usted quisiera que dijeran. Es por esto que algunas de las respuestas que dan son negativas o controversiales. Si alguien responde negativamente, no se sorprenda. Acepte a la persona, y use esa oportunidad para explorar otros ángulos de la cuestión.

UN VISTAZO A ESTE CURSO

Antes de sumergirse en las lecciones familiarícese con la meta de cada lección. Luego lea los pasajes de las Escrituras.
- Estúdielos como la base de sus lecciones.
- Úselos como la base para sus devociones personales.
- Piense de qué manera se relacionan con las circunstancias de los adolescentes y jóvenes de hoy.

LECCIÓN 1: LA SEDUCCIÓN

Meta de la lección: Ayudar a los adolescentes a reconocer y saber cómo responder a la seducción de las drogas y las bebidas alcohólicas.

Base bíblica: 1 Corintios 6:19-20, Hebreos 11:24-26, y Santiago 1:13-15

LECCIÓN 2: ¿SÓLO UN TRAGO?

Meta de la lección: Ayudar a los adolescentes a evaluar lo que arriesgan al experimentar con las bebidas alcohólicas.

Base bíblica: Proverbios 20:1, Isaías 5:11-12, y Romanos 14:17-19, 21.

LECCIÓN 3: CÓMO EVITAR LAS DROGAS

Meta de la lección: Ayudar a los adolescentes a entender los beneficios de permitirle a Dios, y no a las drogas, que controle su vida.

Base bíblica: Salmo 37:4, Lucas 12:15-21, y Efesios 5:15-18.

LECCIÓN 4: CÓMO VENCER LA TENTACIÓN

Meta de la lección: Ayudar a los adolescentes a desarrollar maneras prácticas para alejarse de las drogas y las bebidas alcohólicas.

Base bíblica: Gálatas 6:2, 1 Timoteo 4:12,16, y 2 Timoteo 2:22.

PÁGINA DE PUBLICIDAD

¡Capte la atención de sus adolescentes y jóvenes! Copie esta página y luego recorte los dibujos y péguelos, a su gusto, en el boletín de noticias de la iglesia para anunciar este curso sobre las drogas y las bebidas alcohólicas. También puede usar este dibujo para hacer un volante que acompañe al boletín. Se otorga el permiso para reproducir esta página para el uso de la iglesia local.

¡Copie también estos dibujos en carteles, volantes, o tarjetas postales, si es conveniente! Agréguele los detalles de importancia, tales como: fecha y hora del curso, y lugar de reunión.

Eso es todo.

**LAS DROGAS Y LAS BEBIDAS
ALCOHÓLICAS**

**LAS DROGAS Y LAS BEBIDAS
ALCOHÓLICAS**

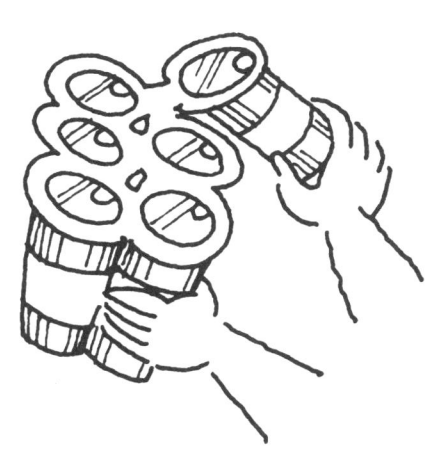

DROGAS Y BEBIDAS ALCOHÓLICAS

Un curso de cuatro semanas, especialmente para adolescentes y jóvenes, que trata de los peligros de las drogas y las bebidas alcohólicas.

Ven a: _____

El día: _____

A las: _____

¡Ven y aprende cómo disfrutar de Dios en lugar de las drogas y el licor!

LA SEDUCCIÓN

LECCIÓN 1

Los adolescentes y jóvenes se enfrentan a la seducción de las drogas y las bebidas alcohólicas con demasiada frecuencia en nuestra sociedad. El cine, la televisión, y la música enaltecen en público las drogas y las bebidas alcohólicas. Los amigos de la escuela les ofrecen drogas y bebidas alcohólicas. Los adolescentes necesitan aprender que, tal como el señuelo, la seducción de las drogas y las bebidas alcohólicas tiene escondido un doloroso anzuelo, potencialmente mortífero.

Ayudar a los adolescentes a reconocer y saber cómo responder a la seducción de las drogas y las bebidas alcohólicas.

Los alumnos:
- **identificarán qué atrae a las personas a las drogas y a las bebidas alcohólicas;**
- **experimentarán riesgos y dialogarán de qué manera éstos pueden ser tanto atractivos como peligrosos.**
- **descubrirán las mentiras de las promesas hechas por la seducción de las drogas y bebidas alcohólicas; y**
- **experimentarán cómo pueden vencer la atracción de las drogas y las bebidas alcohólicas.**

Busque y lea los siguientes pasajes bíblicos. Luego lea los párrafos de explicación que siguen, para ver cómo esos pasajes bíblicos se relacionan a sus adolescentes.

En **1 Corintios 6:19-20** Pablo describe de qué manera nuestros cuerpos son templo del Espíritu Santo.

Pablo les recuerda a los cristianos en Corinto que Dios estaba interesado en la forma en que ellos trataban sus cuerpos.

Su descripción de los cuerpos como "templos" era un agudo contraste con la del templo de Afrodita en Corinto, en donde las sacerdotisas eran prostitutas.

Los adolescentes tienen abundantes razones para preocuparse por sus cuerpos. Por eso es importante infundir en ellos que sus cuerpos, al igual que sus mentes y espíritus, son importantes para Dios. Saber esto puede ayudarlos a evitar hábitos peligrosos, incluyendo los de las drogas y las bebidas alcohólicas.

META DE LA LECCIÓN

OBJETIVOS

BASE BÍBLICA
1 CORINTIOS 6:19-20
HEBREOS 11:24-26
SANTIAGO 1:13-15

En **Hebreos 11:24-26** el autor describe de qué manera Moisés resistió la tentación.

Moisés estaba en una situación muy difícil. Podía escoger entre tener todos los placeres que le ofrecía el palacio de Faraón o ser el defensor del pueblo de Dios. La tentación que lo rodeaba, con increíble riqueza y bienes mundanos, debe haber sido enorme. Sin embargo, Moisés escogió seguir el camino de Dios.

Los adolescentes pueden verse tentados a buscar los placeres de las drogas y las bebidas alcohólicas. Pero, así como Moisés fue capaz de alejarse de aquella gran tentación, los adolescentes pueden evitar caer en la de las drogas y las bebidas alcohólicas.

En **Santiago 1:13-15** Santiago describe la tentación y sus resultados.

Santiago le recuerda a la iglesia primitiva que la tentación comienza en el punto en que deseamos algo que Dios no quiere para nosotros. La declaración de Santiago de que la tentación puede al final llevar a la muerte, era algo que la naciente iglesia necesitaba oír con suma urgencia.

A los adolescentes les gusta probar los límites y experimentar nuevas actividades. Pero han de entender que ellos son responsables por sus acciones. De este pasaje pueden aprender la manera en que las malas decisiones pueden resultar en consecuencias negativas.

UN VISTAZO A ESTA LECCIÓN

Sección	Minutos	Lo que harán los alumnos	Materiales
Apertura (Opción 1)	5 a 10	**Fabricar señuelos** - Diseñar y construir señuelos que representen tentaciones.	Papel, lana o hilo, marcadores, cualquier alambre flexible, cinta adhesiva
(Opción 2)		**Las galletas** - Experimentar la tentación de comer galletas.	Galletas
Acción y Reflexión	10 a 15	**Una cuestión arriesgada** - Mantener un plato en equilibrio al caminar en línea recta.	Cinta adhesiva de pintor, platos de cartón, frijoles secos, papel periódico y marcadores
Aplicación bíblica	10 a 15	**Cómo evitar la seducción** - Examinar lo que la Biblia dice acerca de las tentaciones.	Biblias. Hoja suelta de ejercicios "Fortaleza en la Palabra," (p. 19), lápices
Compromiso	10 a 15	**Reacción en cadena** - Hacer, luego destruir una cadena de papel que representa las mentiras que se encuentran detrás de la seducción de las drogas y las bebidas alcohólicas.	Tiras de papel, lápices y cinta adhesiva
Clausura (Opción 1)	hasta 5	**Fuente o tazón de ideas** - Reconocer las maneras de evitar las seducciones peligrosas.	Los frijoles que usó anteriormente, una fuente honda o tazón
(Opción 2)		**Grupo de apoyo** - Alentarse los unos a los otros a evitar las drogas y las bebidas alcohólicas.	Papel, lápices, cinta adhesiva

La lección

☐ OPCIÓN 1: FABRICAR SEÑUELOS

Forme grupos de no más de cuatro personas. Déle a cada grupo los siguientes materiales: papel, lana o hilo, marcadores, alambre flexible y cinta adhesiva. Pida que cada grupo fabrique un señuelo que podría usarse para seducir a otros adolescentes. Los señuelos deben representar algo que atraiga a las personas, pero a la vez deben tener un "anzuelo" o algo perjudicial en ellos. Por ejemplo, un grupo puede hacer un señuelo que represente la promesa de tener un cuerpo bello, pero con la trampa de requerir que la persona gaste todo su dinero para lograrlo.

Déles cinco minutos para que fabriquen sus señuelos. Luego pídales que exhiban los señuelos que hicieron, y que lo describan al grupo entero. Guíelos a dialogar por qué un señuelo es tan tentador.

Pregunte:

• **De todos los señuelos presentados hoy, ¿cuál de ellos podría atraerlos?** (Dinero, popularidad, un buen cuerpo, drogas).

• **De todos los señuelos, ¿cuáles son los más difíciles de resistir a su edad? Expliquen.** (Dinero, porque los jóvenes lo necesitan pero no tienen suficiente; todos quieren popularidad).

• **¿De qué manera los señuelos que ustedes hicieron se parecen a las verdaderas atracciones que las drogas y las bebidas alcohólicas presentan?** (Ambas cosas tratan de seducir a las personas; ambas cosas tienen consecuencias peligrosas).

Diga: **Un señuelo para pescar está diseñado para tentar al pez. Algunas de las tentaciones que enfrentamos tienen también anzuelos mortíferos. La manera segura de evitar esos anzuelos es resistir a las tentaciones. Hoy comenzamos un curso de cuatro semanas sobre dos tentaciones a las que ustedes pueden enfrentarse: las drogas y las bebidas alcohólicas.**

Para empezar, veamos las diferencias entre lo que serían riesgos inteligentes y los no tan inteligentes.

☐ OPCIÓN 2: LAS GALLETAS

Forme parejas. Déle a cada pareja una galleta. Diga: **Imagínense por un momento que estas galletas son una nueva droga ilegal, de la cual se dice que da una magnífica sensación a cualquiera que la come.**

Indíqueles que cada persona tiene medio minuto para tratar de convencer a la otra para que se coma un pedazo de la galleta. Dígales que pueden usar cualquier táctica que deseen para convencer a su compañero del valor de comerse la galleta. Ellos pueden escoger ceder o no.

• **¿Se sintieron tentados a comerse la galleta? ¿Por qué sí o por qué no?** (Sí, por poco me convence; sí, parecía sabrosa).

APERTURA

(5 a 10 minutos)

• **¿Cómo se sintieron cuando su compañero trataba de convencerlos que comieran la galleta?** (Incómodo, bien, nervioso).

• **¿En qué se parece esto a lo que sienten algunas personas al verse tentadas a usar drogas o beber alcohol? Expliquen.** (Es parecido, la gente se siente incómoda respecto al uso de drogas y bebidas alcohólicas; es diferente, yo sabía que la galleta no me haría daño, pero las drogas o las bebidas alcohólicas sí lo harían).

• **¿Qué tan fácil fue evitar comerse la galleta? Expliquen.** (Difícil, me gustan las galletas; fácil, no tenía hambre).

• **¿En qué se parece la tentación de comerse la galleta a la tentación de usar drogas o beber licor?** (Ambas prometen buenas cosas; es difícil decirle no a algo que nos hace sentir bien).

Diga: **Constantemente nos bombardean las tentaciones. Muchas cosas parecen ser buenas, pero en realidad pueden ser malas. Hay quienes dicen que las drogas y las bebidas alcohólicas nos harán sentir mejor, pero a diferencia de la galleta, esas substancias realmente pueden hacer gran daño.**

Dígales que se coman sus galletas.

ACCIÓN Y REFLEXIÓN

(10 a 15 minutos)

UNA CUESTIÓN ARRIESGADA

Use cinta adhesiva, que no sea transparente, para hacer una línea larga y derecha en el piso. Pida a los jóvenes que se formen en fila detrás de uno de los extremos de la línea. Déle a cada joven un plato de cartón e indíqueles que lo sostengan boca abajo en las palmas de sus manos. Vierta en cada plato un puñado de frijoles secos. Luego pida que los jóvenes caminen derecho sobre la línea sin que los frijoles se caigan.

Pregunte:

• **¿Fue fácil caminar por la línea sin que los frijoles se desparramaran? ¿Por qué sí o por qué no?** (Sí, es fácil sostener el plato en equilibrio para que los frijoles no se cayeran; no, me dio mucho trabajo evitar que los frijoles se cayeran).

Luego pida que los jóvenes se ubiquen nuevamente en hilera. Comenzando con la primera persona en la hilera, hágale dar siete vueltas, y entonces pídale que vuelva a tratar de caminar siguiendo la línea recta sin que se le desparramen los frijoles.

Pregunte:

• **¿Fue fácil esta vez caminar en línea recta sin que los frijoles se desparramen? ¿Por qué sí o por qué no?** (No, me sentí mareado; sí, porque pude conservar el equilibrio).

• **¿Cómo se sintieron la segunda vez que intentaron caminar por la línea hecha con la cinta?** (Mareado; incómodo; fuera de control).

• **¿Qué fue lo que hizo que el caminar la segunda vez fuera más riesgoso que la primera?** (No estábamos en control; estábamos mareados; no podíamos caminar derecho).

• **¿En qué forma se parece este intento de caminar en línea recta tratando a la vez de evitar que se caigan los frijoles al hecho de correr un riesgo?** (No se sabe si uno podrá lograrlo; es posible dejar caer los frijoles).

En una hoja de papel periódico o en el pizarrón escriba: "¿Qué hace que un riesgo sea un riesgo?" Dirija a los jóvenes a realizar un torbellino de ideas pidiendo que mencionen cosas que hacen que una actividad sea riesgosa. Pueden mencionar, por ejemplo, el peligro potencial o la falta de control en la situación. Anote esto.

Luego pídales que mencionen conductas arriesgadas, tales como: bucear, patinar, hablarle de Jesús a un extraño, practicar deportes, usar drogas y andar en bicicleta. Haga una lista. Luego pídales que por votación decidan cuáles cosas de la lista consideran "riesgos inteligentes" y cuáles "no tan inteligentes." Pida que un voluntario marque con un círculo las cosas que son "riesgos inteligentes" y con una "X" aquellas las que no lo son.

Pregunte:

• **¿Cuál es la diferencia entre un riesgo inteligente y uno que no lo es?** (Los riesgos inteligentes tienen resultados positivos; los riesgos no tan inteligentes tienen muchos peligros y efectos negativos a largo plazo).

• **¿Cómo se sienten cuando tienen que correr un riesgo?** (Emocionado; nervioso; inseguro).

Diga: **Usar drogas y bebidas alcohólicas es correr un riesgo. La viva emoción de correr un riesgo es suficiente tentación para que algunas personas decidan correrlo. Sin embargo, así como el hacerlos dar vueltas les quitó a ustedes la capacidad de caminar en línea recta, las drogas y las bebidas alcohólicas quitan el control y pueden ponerlos en una situación de riesgo extremo.**

A pesar de eso, las drogas y las bebidas alcohólicas siguen siendo aún una gran tentación para muchos adolescentes. La tentación de buscar el placer no es nueva. En los tiempos bíblicos muchos enfrentaron tentaciones. Afortunadamente algunas personas, tales como Jesús y Moisés, pudieron vencer la tentación, y nosotros de la misma manera también podremos vencerla.

PARA EVITAR LA SEDUCCIÓN

Diga: **Millones de personas han usado drogas ilegales al menos una vez. Es preciso ser muy fuerte para resistir las tentaciones que ofrecen las drogas y las bebidas alcohólicas. Dios quiere que cada uno de ustedes sea una de esas personas fuertes.**

Déle a cada joven una Biblia. Forme dos grupos. Pida que un grupo lea en Mateo 4:1-10 lo que dice Satanás y el otro lo que dice Jesús. Pida que un voluntario lea la parte del narrador. Pregunte:

• **¿Cuáles fueron las tentaciones de Jesús?** (Transformar las piedras en pan; arrojarse de la montaña; tener como suya una ciudad).

APLICACIÓN BÍBLICA

(10 a 15 minutos)

• **¿Cómo respondió Jesús?** (Huyó de las tentaciones; se opuso a Satanás).

Pida que alguien lea en voz alta Hebreos 11:24-26. Pregunte:

• **¿Qué tentaciones tuvo Moisés?** (Ser rico, tener una vida acomodada).

• **¿De qué manera respondió a esa tentación?** (La evitó; escuchó a Dios).

• **¿De qué manera los ejemplos de Jesús y Moisés nos enseñan a enfrentar las tentaciones de las drogas y las bebidas alcohólicas?** (Podemos superarlas; debemos seguir a Dios).

Verifique que cada persona tenga una Biblia, y déles copias de la hoja "Fortaleza en la Palabra" (p. 19) y un lápiz.

Pídales que completen los ejercicios que se indican en la hoja. Luego de eso forme parejas nuevamente. Indique que cada persona debe decirle a su compañero o compañera lo que escribió. Después pídales que junto con su compañero o pareja decidan qué cosa pueden hacer para ayudar a sus amigos a superar la seducción de las drogas y las bebidas alcohólicas. Pida que cada pareja exprese su idea al grupo por medio de una pantomima, es decir, actuando por medio de movimientos y gestos, pero sin palabras. Por ejemplo, una pareja puede representar a alguien quitándole de la mano una bebida alcohólica a su amigo. Pregunte:

• **¿Cuán importante es buscar la ayuda de Dios cuando somos tentados por la seducción de las drogas y las bebidas alcohólicas? Expliquen.** (Muy importante, porque no puedo resistir por mí mismo; importante, Dios puede ayudarme a superar la tentación).

• **¿De qué manera las Escrituras pueden ayudarlos a ser fuertes y evitar la seducción de las drogas y las bebidas alcohólicas?** (Las Escrituras me recuerdan que puedo vencer la seducción; me ayudan a tener más confianza en mí mismo).

Diga: **Gran parte de la seducción de las drogas y la bebidas alcohólicas se basa en mentiras. Y cuando podemos ver esas mentiras nos resulta más fácil resistir la tentación.**

COMPROMISO

(10 a 15 minutos)

REACCIÓN EN CADENA

Distribuya tiras de papel de 3 x 10 centímetros, lápices y cinta adhesiva. Diga: **Las cosas que nos tientan pueden volverse cosas que nos esclavizan. En las tiras de papel escriban las cosas que las personas les dirían para convencerlos a que usen drogas o licor. Por ejemplo, podrían escribir: "Te hará sentir muy bien" o "Nunca te atraparán."**

Pídales que preparen dos o tres tiras de papel. Luego dígales que hagan una cadena haciendo los eslabones con las tiras de papel y cinta adhesiva. Después de que la cadena esté hecha pídales que, por turno, digan lo que escribieron. Pregunte:

• **¿Cómo se sentirían si escucharan a alguien decirles eso?** (Me enojaría; no me molestaría; furioso).

- **¿Cuántas de estas afirmaciones son realmente mentiras?** (Casi todas; todas).
- **¿De qué manera se parece la seducción de las drogas y las bebidas alcohólicas a la cadena que hemos hecho?** (Nos esclaviza si cedemos; quedamos atrapados en los efectos negativos de las drogas).
- **¿De qué manera podemos romper la cadena de mentiras?** (No creer en las mentiras; confiar en Dios; escuchar el consejo de las Escrituras; mantener fuerte la fe).

Diga: **Con la guía de Dios y el apoyo de unos a otros podremos descubrir estas mentiras y romper la tentación de las drogas y las bebidas alcohólicas.**

Pida que los jóvenes arranquen uno o dos eslabones de la cadena de papel. Luego forme parejas. Pida que cada persona le explique a su pareja cómo se siente respecto a la tentación de las drogas y las bebidas alcohólicas. Por ejemplo, alguien podría decir: "Yo tengo confianza en que puedo vencer la tentación" o "Yo todavía me siento nervioso cuando alguien me ofrece drogas o licor." Luego haga que los jóvenes prometan todo lo que puedan esta semana para no dejarse ganar por la seducción de las drogas y las bebidas alcohólicas. Pida que cada persona le diga a su pareja cuáles son las cualidades positivas que él o ella (el compañero o compañera) tiene para romper la cadena de mentiras; por ejemplo: confianza en sí mismo, fe sólida, sentido del humor.

Anime a los jóvenes a guardar el eslabón que arrancaron de la cadena como recordatorio de que pueden vencer la seducción de las drogas y las bebidas alcohólicas.

Charla de sobremesa

La actividad presentada en este curso bajo el título "Charla de sobremesa" ayudará a los adolescentes a conversar con sus padres sobre los peligros de las drogas y las bebidas alcohólicas.

Si decide usar dicha actividad, esta es una buena oportunidad para mostrar la hoja de ejercicios (p. 20). Pídales que pasen algún tiempo con sus padres completándola.

Antes de que los jóvenes salgan déle a cada uno la hoja de "Charla de sobremesa" para que la lleven a casa, o dígales que se la entregará directamente a sus padres.

Si lo prefiere puede usar la idea de "Charla de sobremesa" que se encuentra en la sección "Ideas adicionales" (p. 46) para efectuar una reunión basada en esa hoja de ejercicios.

☐ OPCIÓN 1: EL TAZÓN DE IDEAS

Forme un círculo y déle a cada persona un frijol de la actividad "Una cuestión arriesgada." Diga: **Voy a llevar el tazón por el círculo que ustedes han formado. Cuando pase frente a cada uno, pongan su frijol en él, y digan algo que podrían hacer para evitar la seducción de las drogas y las bebidas alcohólicas. Pueden decir algo de lo que aprendieron en los pasajes bíblicos, o algo que aprendieron en su grupo.**

CLAUSURA

(hasta 5 minutos)

Los jóvenes podrían decir: "Puedo confiar en que Dios me ayudará a vencer la tentación," o "Sé que mis amigos me ayudarán a ser fuerte." Empiece usted mismo y recorra el círculo recolectando los frijoles.

Diga: **En una actividad anterior usamos platos de cartón para llevar los frijoles. Pero los platos de cartón son muy endebles. Algunas veces, al enfrentarnos a las difíciles tentaciones de las drogas y las bebidas alcohólicas, podemos sentirnos tan endebles como los platos. Pero con la seguridad que nos da Dios y el discernimiento que nos dan las Escrituras, al enfrentarnos a la atracción de las drogas y las bebidas alcohólicas seremos menos como platos débiles y más como este sólido tazón.**

Concluya en oración, pidiéndole a Dios que ayude a los jóvenes a vencer la seducción de las drogas y las bebidas alcohólicas.

☐ OPCIÓN 2: GRUPO DE APOYO

Forme grupos de no más de cinco personas. Déle a cada grupo una hoja de papel y un lápiz. Pida que cada joven escriba al menos una afirmación alentando a los demás a evitar las drogas y las bebidas alcohólicas; por ejemplo: "Dios puede ayudarte a mantenerte lejos de las drogas," o "Sé que puedes evitar la seducción." Después pida que los jóvenes firmen la hoja de su respectivo grupo. Fije con cinta adhesiva las hojas a la pared. Pida que los jóvenes se acerquen y lean todas las notas de aliento. Pregunte:

• **¿Cómo se sienten al leer estas palabras de aliento de parte de sus compañeros?** (Fuerte; seguro; bien).

Diga: **Debemos estar agradecidos porque Dios nos ha dado amigos que nos pueden ayudar en momentos de dificultad. Al salir recordemos que contamos con el apoyo de Dios y de nuestros amigos para evitarlas.**

Deje en la pared las hojas como estímulo mientras dure el curso. También podría hacer copias y darle una a cada alumno al finalizar el curso.

Si aún le queda tiempo...

Danzando con el peligro - Pida a los jóvenes que menciones los peligros de usar drogas y bebidas alcohólicas. Anótelos en una lista en una hoja de papel periódico o en el pizarrón. Luego pídales que indiquen por qué, a pesar de todos estos peligros, hay personas que se drogan o se emborrachan. Forme grupos de no más de cuatro para dialogar buscando maneras prácticas de alentar a los amigos a no dejarse vencer por la seducción de las drogas y las bebidas alcohólicas.

Acróstico - Pídales que escriban en forma vertical la palabra "seducción" en una hoja de papel. Luego, que preparen un acróstico usando cada una de las letras para describir la seducción de las drogas y las bebidas alcohólicas. Ejemplo:

Sediciosa
Efímera
Divisiva
Ultrajante
Clandestina
Conflictiva
Incitante
Osada
Negativa

FORTALEZA EN LA PALABRA

Lee Santiago 1:13-15, 1 Corintios 6:19-20 y 1 Corintios 10:12-13. Luego completa los ejercicios basándote en esos pasajes.

Haz un resumen de lo que los pasajes te dicen acerca de la manera de enfrentar las tentaciones de las drogas y las bebidas alcohólicas.

Haz un dibujo que represente la manera en que te sientes cuando te ves tentado a hacer cosas que crees que no son correctas.

Haz un dibujo que represente la manera en que te sientes al saber que Dios puede ayudarte a superar la tentación.

¿Qué puedes aprender de estos pasajes que te ayude a vencer la seducción de las drogas y las bebidas alcohólicas?

¿De qué manera puedes usar el mensaje de estos pasajes para ayudar a tus amigos a vencer la seducción de las drogas y las bebidas alcohólicas?

Se otorga permiso para fotocopiar esta hoja para uso de la iglesia local.
Copyright © Editorial Acción, Box 481, Loveland, CO 80539, EE.UU.

Charla de sobremesa

A los padres: En nuestra iglesia estamos realizando un curso para los adolescentes titulado "Las drogas y las bebidas alcohólicas." Los alumnos están explorando la perspectiva cristiana respecto a las drogas y las bebidas alcohólicas. Nos gustaría que usted y su hijo o hija adolescente dedicaran tiempo para conversar sobre estos temas tan importantes. Use esta "Charla de sobremesa" para ayudarse.

Padres
- ¿Cuáles eran las sustancias ilegales más usadas cuando usted fue un adolescente? ¿Qué las hacía atractivas?
- ¿Cómo hizo usted o sus amigos para resistir la tentación de usarlas?
- ¿Qué decía la gente para tratar de convencerlos para que usen esas sustancias?

Adolescente
- ¿Cuáles son las sustancias ilegales más usadas en tu escuela?
- ¿Qué las hace populares entre los jóvenes?
- ¿Cómo resistes tú a la tentación de usar estas sustancias?

Padres y adolescente
Completen las siguientes afirmaciones:
- Creo que la gente usa drogas porque...
- Las bebidas alcohólicas son populares entre los adultos porque...
- Las bebidas alcohólicas son populares entre los jóvenes porque...
- Si le preguntara a Dios acerca de su actitud hacia las bebidas alcohólicas y las drogas creo que Él diría...
- El daño que las drogas y las bebidas alcohólicas pueden ocasionar me hace sentir...

Dialoguen sobre la manera en que se sienten con respecto a las siguientes aseveraciones:
- "Experimentar un poquito con las drogas no perjudica a nadie."
- "Beber está bien si estamos acompañados y no nos excedemos."
- "Jesús bebió vino y, por lo tanto, debe estar bien que los cristianos beban licores."

Lean juntos 1 Corintios 6:19-20. Conversen acerca de lo que significa ser templo del Espíritu Santo. Dialoguen acerca de cómo los cristianos deben responder a la seducción de las drogas y las bebidas alcohólicas.

LAS DROGAS Y LAS BEBIDAS
ALCOHÓLICAS

Se otorga permiso para reproducir esta hoja para uso de la iglesia local.
Copyright © Editorial Acción, Box 481, Loveland, CO 80539, EE.UU.

¿SÓLO UN TRAGO?

LECCIÓN 2

Muchos adolescentes y jóvenes han tenido ya la oportunidad de probar las bebidas alcohólicas. Gracias a los anuncios comerciales de la televisión, la radio y las revistas, las bebidas alcohólicas parecen ser una opción aceptable para los jóvenes.

Con demasiada frecuencia la alternativa de beber no ha sido debidamente sopesada para evaluar los riesgos que implica la experimentación con las bebidas alcohólicas.

Ayudar a los adolescentes a evaluar lo que arriesgan al experimentar con las bebidas alcohólicas.

Los alumnos:
• identificarán cómo los medios de comunicación y sus amigos presentan a las bebidas alcohólicas como una alternativa atractiva;
• comprobarán de qué manera el envase atractivo puede engañar;
• evaluarán cómo la experimentación con las bebidas alcohólicas puede hacerles daño; y
• desarrollarán un entendimiento bíblico de las consecuencias del uso de las bebidas alcohólicas.

Busque los siguientes pasajes bíblicos. Luego lea los párrafos de explicación que siguen, para ver en qué forma esos pasajes bíblicos se relacionan a sus adolescentes.

Proverbios 20:1 describe los efectos potenciales de las bebidas alcohólicas en aquellos que las usan.

En los tiempos bíblicos, tanto como en los actuales, las bebidas alcohólicas ocasionaban que las personas perdieran el control. Como este pasaje lo describe las bebidas alcohólicas suelen conducir a las personas a hacer cosas en contra de la Palabra de Dios. La Biblia toma muy en serio la potencial amenaza de las bebidas alcohólicas.

Las bebidas alcohólicas pueden alterar la personalidad. Cualquiera, y en especial los adolescentes, pueden perder el control bajo la influencia de las bebidas alcohólicas. De este pasaje los jóvenes pueden aprender que la manera más fácil de mantenerse en control es no beber nada de licor.

META DE LA LECCIÓN

OBJETIVOS

BASE BÍBLICA
PROVERBIOS 20:1
ISAÍAS 5:11-12
ROMANOS 14:17-19, 21

En **Isaías 5:11-12** Isaías dice que las personas que usan las bebidas alcohólicas y se embriagan no respetan al Señor.

El profeta Isaías consideró la interminable búsqueda del placer como una afrenta a Dios. Las bebidas alcohólicas eran la droga preferida en su tiempo de quienes buscaban el placer. Estos pasaban todo el tiempo festejando y bebiendo, olvidándose de Dios y todo lo que Él había hecho por ellos.

Los jóvenes y adolescentes viven en una cultura que aplaude a quienes buscan el placer. A las bebidas alcohólicas se las presenta como una manera razonable y más aún, encantadora, de disfrutar más plenamente de la vida. La presión es intensa para llegar a ser parte de esa cultura buscadora de placer, y la bebida suele ser el rito de iniciación en ella.

En **Romanos 14:17-19, 21** Pablo les recuerda a los primeros cristianos que su conducta podía influir en la de los demás.

Para la iglesia primitiva la cuestión de beber vino y comer carne de animales que habían sido sacrificados a los ídolos era un asunto en "zona gris," tanto como lo es la bebida en algunas de las iglesias de hoy. Pablo les recuerda a los creyentes que aun cuando ellos podían sentirse libres a ceder, si su conducta hacía que alguien dudara, debían refrenarse.

Las decisiones de los jóvenes y adolescentes en cuanto al licor pueden afectar más que a sí mismos, y por tanto deben considerar el ejemplo cristiano que presentan ante los demás.

UN VISTAZO A ESTA LECCIÓN

Sección	Minutos	Lo que harán los alumnos	Materiales
Apertura (Opción 1)	5 a 10	**¿Cuál es su opinión?** - Torbellino de ideas respecto a las razones por las cuales los jóvenes toman bebidas alcohólicas.	Cinta adhesiva, papel periódico y marcadores o pizarrón y tiza (gis)
(Opción 2)		**Una ilustración nada bonita** - Contrastar ilustraciones que presentan los anuncios comerciales con las realidades que resulta del uso de las bebidas alcohólicas.	Cinta adhesiva, revistas
Acción y Reflexión	10 a 15	**Las envolturas** - Experimentar de qué manera el envase puede ser engañador.	Fideos cocidos, caja envuelta en papel de regalo, papel, otra caja, una bolsa, dulces
Aplicación bíblica	10 a 15	**Envase de consejos bíblicos** - Examinar las consecuencias del uso de las bebidas alcohólicas según las señala la Biblia.	Biblias, papel, marcadores, cinta adhesiva, latas o botellas vacías de bebida gaseosa o jugo
Compromiso	10 a 15	**Experimentos en probabilidades** - Evaluar los riesgos de experimentar con una sustancia potencialmente peligrosa.	Hoja de ejercicio "Probabilidades" (p. 28), lápices
Clausura (Opción 1)	hasta 5	**¿Cuál es su opinión?** - Determinar las razones por las cuales no beber.	Cinta adhesiva, papel periódico y marcadores
(Opción 2)		**Su posición** - Hacer carteles que muestren los beneficios de no beber.	Marcadores, cartulina o cartoncillo

La lección

☐ OPCIÓN 1: ¿CUÁL ES SU OPINIÓN?

Fije en la pared una hoja de papel periódico y use marcadores, o use el pizarrón y tiza (gis). Forme parejas y pídales que se coloquen en hilera de parejas, con la primera pareja a alguna distancia de la hoja de papel o pizarrón. Diga: **Cuando yo diga "¡Empiecen!" la primera pareja de la hilera deberá pensar en una razón que la gente aduce para beber, luego debe correr al papel o pizarrón, escribirla, y regresar al final de la hilera. Entonces la siguiente pareja hará lo mismo. El truco es que ninguna pareja puede escribir lo que otra pareja ya ha escrito. Por lo tanto, si una pareja previa ya escribió la razón que pensaban escribir, deben conversar rápidamente con el compañero o compañera y pensar en otra razón distinta. Cada pareja tendrá 15 segundos para pensar.**

Si una pareja no puede pensar en nada rápidamente, debe pasar al final de la hilera para tener más tiempo para pensar en una razón. Una vez que todos hayan escrito una razón, pídales que se sienten mirando a lo escrito. Pregunte:

• **¿Qué tan fácil fue pensar en esas razones?** (Muy fácil; fácil al principio, pero más difícil después).

• **¿Qué les dice esta actividad en cuanto a por qué las personas beben?** (Les gusta el sabor de esa cosa; les gusta dárselas de listos; piensan que les sirve para sentirse bien).

• **De todas estas razones, ¿cuál parece ser la más fuerte como argumento en favor de beber licor? ¿la más débil?**

Diga: **A pesar de que los jóvenes pudieran esgrimir razones para hacer uso de las bebidas alcohólicas, muchas personas que han estado en la bebida pueden decirles que no es nada de lo que esperaban que fuese. Hoy hablaremos de la triste verdad que enmascara el encantador cuadro que algunas personas pintan en cuanto a las bebidas alcohólicas.**

☐ OPCIÓN 2: UNA ILUSTRACIÓN NADA BONITA

Forme grupos de no más de tres. Déle a cada grupo cinta adhesiva y revistas populares. Pídales que busquen en las revistas y que rasguen cuadros o artículos que presentan a las bebidas alcohólicas como algo encantador. Luego pídales que los peguen con la cinta a uno de los miembros de su grupo, de manera que parezca un aviso ambulante. Avíseles cuando se les acabe el tiempo fijado. Después pida que cada grupo haga desfilar a su "aviso ambulante" por todo el salón, mientras los miembros del grupo describen las ilustraciones que tiene adheridas.

Luego haga que cada grupo busque cuadros o artículos que muestren los efectos negativos del uso de las bebidas alcohólicas.

APERTURA

(5 a 10 minutos)

Pídales que peguen los cuadros y artículos a un miembro diferente del grupo, y luego pida que estos jóvenes desfilen por el salón.

Pregunte:

• **¿Cuál es la diferencia que notaron entre el primer desfile de avisos ambulantes y el segundo?** (Había menos cuadros y artículos en el segundo desfile; fue más fácil encontrar material para el primero).

• **¿Qué les dice este ejercicio respecto a cómo los anuncios comerciales presentan a las bebidas alcohólicas?** (No nos dicen la historia completa; sólo nos muestran el lado bueno).

• **¿Cuáles beneficios mostraban los anuncios del primer desfile, que supuestamente resultarían del uso de las bebidas alcohólicas?** (Buena ropa; popularidad; estar a la moda; que sabe bien).

• **¿Cuáles riesgos propios de las bebidas alcohólicas no se mostraron?** (Uno puede volverse alcohólico; uno puede enfermarse; uno puede morirse; uno puede perder el control y comportarse como un mentecato).

Diga: **Las revistas, libros, música, cine, radio y televisión pregonan estruendosamente los supuestos beneficios de las bebidas alcohólicas. Pero, ¿qué acerca de los efectos negativos? Hoy veremos los peligros de experimentar con las bebidas alcohólicas.**

Seguimiento para la charla de sobremesa

Si usted entregó o hizo llegar a los padres la hoja de ejercicios de la "Charla de sobremesa" (p. 20) la semana anterior, dialogue con los estudiantes sobre sus reacciones a esta actividad. Pida que algunos voluntarios digan lo que ellos aprendieron al dialogar con sus padres.

NOTA: Antes de la clase, prepare estos tres recipientes. Ponga una taza de fideos cocidos en una caja envuelta en papel de regalo. Ponga un puñado de pedacitos de papel en una caja ordinaria de cartón. Luego ponga dulces en una bolsa ordinaria de papel y muy arrugada. Asegúrese de tener suficientes dulces para su clase. La idea básica de esta actividad es presentar tres diferentes envases conteniendo elementos que no tengan ninguna relación con la apariencia de los mismos. Se puede usar cualquier otra cosa lugar de bolsas, fideos o papel rasgado.

ACCIÓN Y REFLEXIÓN

(10 a 15 minutos)

LAS ENVOLTURAS

Muestre los tres envases que preparó, pero no deje que nadie vea lo que hay dentro. Pida a los jóvenes que se fijen en las envolturas.

Pregunte:

• **De acuerdo a lo que ven, ¿qué esperarían encontrar en cada uno de estos envases?** (La caja más bonita debe tener algo bueno; la bolsa arrugada probablemente está llena de basura).

Solicite tres voluntarios. Asígnele un envase a cada uno. Pídale al resto de la clase que diga lo que piensa que hay dentro de cada recipiente. Pida luego que los voluntarios, por turno y sin mirar dentro, metan la mano en el envase que se les ha asignado, y que saquen un poco del contenido para que todos lo vean. Empiece con la caja empacada como regalo, luego la caja ordinaria, y al final la bolsa arrugada. Reparta entonces los dulces. Pregunte:

- **¿Adivinó alguien exactamente lo que cada uno de los envases contenía? ¿Por qué sí o por qué no?** (Sí, pensé que podría haber comida en la bolsa de papel; no, el contenido no refleja el exterior del envase).

Pregunte a los voluntarios:
- **¿Cómo se sintieron al descubrir lo que había en cada uno de los envases?** (Sorprendido; disgustado; nada en particular).

Pregúnteles a todos:
- **¿Cómo se sintieron al descubrir que lo que había en un determinado envase no era lo que esperaban?** (Sorprendidos; pensábamos que nos estaba jugando una broma; confundidos).
- **¿Cuál de los tres envases representa mejor la manera en que se presenta a las bebidas alcohólicas? Expliquen.** (El envase como regalo, la propaganda hace ver al alcohol como algo bueno; la bolsa de papel, algunos muestran al alcohol como algo de lo cual uno debe avergonzarse).
- **¿De qué manera experimentar las bebidas alcohólicas es como recibir una bolsa de regalo llena de fideos mojados?** (Se ve muy atractiva, pero lo hace sentir a uno muy mal; es un envase atractivo para un contenido repugnante).

Diga: **Algunas cosas que al principio se ven bien por fuera, resultan no ser tan buenas cuando se participa en ellas. Las experiencias con las bebidas alcohólicas son así.**

Pídales que mencionen los resultados negativos de la bebida, tales como: enfermarse, emborracharse o perder el control. Pregunte:
- **Con todos los resultados negativos de la bebida, ¿por qué es aún tan popular?** (Porque todos beben; porque es lo acostumbrado; porque uno da la impresión de ser más maduro).

Diga: **A pesar de la popularidad, las bebidas alcohólicas pueden tener muchos efectos físicos negativos. Aparte de esos efectos negativos, en algunos países es ilegal que jóvenes de la edad de ustedes beban. Pero, ¿qué dice la Biblia acerca de las bebidas alcohólicas? Analicemos por qué la Biblia presenta preguntas muy serias en cuanto a los supuestos beneficios de la bebida.**

ENVASE DE CONSEJOS BÍBLICOS

Forme grupos de no más de cuatro personas. Déle a cada grupo una Biblia, papel, marcadores, cinta adhesiva y una lata o botella vacía de cualquier bebida gaseosa o jugo. A cada grupo asígnele uno de los siguientes pasajes bíblicos: Proverbios 20:1; Isaías 5:11-12; Romanos 14:17-19, 21. Pida que cada grupo lea su pasaje bíblico y

APLICACIÓN BÍBLICA

(10 a 15 minutos)

dialogue acerca de lo que el mismo dice con respecto a las bebidas alcohólicas. Después cada grupo debe preparar una etiqueta para su lata o botella, de manera que parezca una lata o botella de cerveza pero que incluya uno de los consejos bíblicos respecto a por qué el beber licor podría ser muy malo. Por ejemplo un grupo podría escribir: "Beber licor es mala influencia para tus amigos."

Conceda siete minutos para que los grupos lean, dialoguen sobre el pasaje, y completen el diseño. Luego pida que cada grupo presente su envase al resto de los alumnos y dé un resumen de lo que han aprendido del pasaje bíblico. Pregunte:

- **¿De qué manera el consejo de las Escrituras los hace sentir con respecto a la bebida?** (Ojalá que dijera "no tomes"; me alegro de que la Biblia me advierta en contra de la bebida).

- **¿Se sentiría alguno de ustedes defraudado si siguiera los consejos de la Biblia con respecto al alcohol? ¿Por qué sí o por qué no?** (Sí, me haría perder las fiestas; no, aún podría divertirme sin tener que beber).

Diga: **Aunque parezca difícil encontrar pruebas bíblicas que sostengan la abstinencia, la Biblia tiene mucho que decir en cuanto a los efectos negativos de la bebida. Aún así, muchas personas se arriesgan a beber. Evaluemos los riesgos.**

COMPROMISO

(10 a 15 minutos)

EXPERIMENTOS EN PROBABILIDADES

Déle la hoja de ejercicio "Probabilidades" (p. 28) y un lápiz a cada alumno. Pídales que completen el ejercicio. Luego forme grupos de no más de cuatro personas, para que dialoguen sobre las siguientes preguntas:

- **¿Por qué completaron el ejercicio de la manera en que lo hicieron?**
- **¿Qué hace que un riesgo sea aceptable o inaceptable?**
- **¿Tratarían de experimentar una segunda vez si la primera vez pudieron escaparse al parecer sin consecuencias negativas? ¿Por qué sí o por qué no?**

Pida que cada grupo presente un informe. Pregunte:

- **¿Es posible hacerse daño en uno de estos experimentos tratando sólo una vez de hacerlo? Expliquen.** (Sí, si a uno lo atropella un vehículo, uno queda herido; si alguien se emborracha y se cae por las escaleras, puede lesionarse seriamente).

- **¿Cuáles son los posibles resultados de probar o de seguir experimentando con las bebidas alcohólicas?** (Que nos atrapen: que nos enviciemos; que empujemos a algún amigo a enviciarse en la bebida).

Diga: **Ustedes pueden evitar estas "probabilidades" sencillamente rechazando hacer la prueba o experimentar con las bebidas alcohólicas. Si ya han empezado a experimentar con las bebidas alcohólicas, aún pueden vencer las probabilidades dejando ahora mismo la bebida. Vamos a tener un momento de oración en silencio. Durante este tiempo quiero que, cada uno piense en su respuesta a la**

tentación de la bebida. Tal vez quieran pedirle a Dios que los ayude a vencer las probabilidades. Yo concluiré con una breve oración.

Luego de la oración en silencio, concluya orando de la siguiente manera: **Dios, te pido que nos des a cada uno de nosotros el valor necesario para hacer lo que es bueno delante de tus ojos. Amén.**

Pida a los alumnos que se den la mano unos a otros, mientras dicen: **Te aprecio demasiado como para arriesgarme a perder tu amistad debido al licor. Juntos podremos vencer esas probabilidades.**

☐ OPCIÓN 1: ¿CUÁL ES SU OPINIÓN?

Coloque en la pared una hoja de papel periódico, o use el pizarrón. Déle a cada alumno un marcador o una barra de tiza (gis), y pídale que escriba una razón para no beber. Después de que las hayan escrito pida que todos las lean al unísono.

Diga: **El saber cómo responder a los engañosos beneficios que los amigos o la propaganda dan respecto a las bebidas alcohólicas puede ayudarlos a evitar esos problemas. Cuando se vean tentados a experimentar las bebidas alcohólicas, recuerden las razones que aparecen en esta lista, y piénsenlo dos veces. Emborracharse no es sensatez; en tanto que huir del licor sí lo es. Con la ayuda de Dios, todos ustedes pueden ser sensatos.**

Si lo desea, copie la lista de razones para no beber, duplíquela y distribúyala entre sus alumnos.

☐ OPCIÓN 2: SU POSICIÓN

Forme grupos de no más de tres. Reparta marcadores y un pedazo de cartulina. Pídales que en tres minutos diseñen y preparen un cartelón que anuncie los beneficios de *no* beber. Luego colóquelos en la pared para que puedan verlos.

Diga: **Es tentador experimentar con las bebidas alcohólicas. Pero como pueden ver en los afiches, es más beneficioso evitar la tentación. En las próximas semanas, ayúdense los unos a los otros y dependan de la fortaleza de Dios para superar la tentación de beber.**

Deje los carteles en su salón mientras dure este curso.

CLAUSURA

(hasta 5 minutos)

Si aún le queda tiempo...

Historias de bebedores - Pida que los jóvenes relaten historias de amigos que usan y abusan de las bebidas alcohólicas. Indíqueles que no deben usar los nombres reales, sino sólo describir cómo ellos o sus amigos se sintieron después de emborracharse o beber licor. Luego guíelos a dialogar sobre la forma en que podrían ayudar a sus amigos a evitar la tentación de beber.

Seguir la línea - Use una soga o cuerda de 3 metros o más de largo para formar con ella una especie de camino sinuoso sobre el piso. Luego haga que cada joven, por turno, use al revés un par de binoculares, mientras trata de caminar siguiendo la forma que la cuerda traza en el suelo. Después de la actividad indique que esa extraña sensación es parecida a lo que ocurre cuando se está borracho. Pregúnteles como se sintieron. Converse con ellos sobre los peligros potenciales de emborracharse.

PROBABILIDADES

Lee cada una de las descripciones de actividades experimentales que siguen. Luego decide de qué manera responderías, y anota tus respuestas en el espacio correspondiente. Sé sincero en tus respuestas. En unos momentos dialogarás sobre éstas con el grupo.

1. Alguien ha puesto una pequeña cantidad de nitroglicerina en tu pupitre en la escuela. La probabilidad de sobrevivir si la mueves es de una en diez.
¿Te arriesgarías?   ¿Por qué sí o por qué no?

Si te arriesgas y sobrevives, ¿lo harías una segunda vez?
¿Por qué sí o por qué no?

2. Se te ha pedido que camines con los ojos vendados por una carretera muy transitada. Si tratas de hacerlo, la probabilidad de que alguien te atropelle es de una en cinco.

¿Te arriesgarías?   ¿Por qué sí o por qué no?

Si te arriesgas y sobrevives, ¿lo harías una segunda vez?
¿Por qué sí o por qué no?

3. Se te presenta la oportunidad de tomar en tus propias manos, y sin ninguna protección, una víbora de cascabel. La probabilidad de levantarla y volverla a dejar en el suelo sin que te muerda es de una en tres.

¿Te arriesgarías?
¿Por qué sí o por qué no?

Si te arriesgas y sobrevives, ¿lo harías una segunda vez?
¿Por qué sí o por qué no?

4. En la casa de uno de tus amigos se te ofrece la oportunidad de terminar de beber una botella de whisky que sus padres tenían. La probabilidad de que no te pesquen es de una en cinco. Tienes una en diez probabilidades de que no te causará mayores molestias. Tienes una en diez probabilidades de que tu cuerpo se vuelva adicto al alcohol debido a esta experiencia.
¿Te arriesgarías?   ¿Por qué sí o por qué no?

Si te arriesgas y sobrevives, ¿lo harías una segunda vez?
¿Por qué sí o por qué no?

Se otorga permiso para fotocopiar esta hoja para uso de la iglesia local. Copyright © Editorial Acción, Box 481, Loveland, CO 80539, EE.UU.

CÓMO EVITAR LAS DROGAS

LECCIÓN 3

Los años de la temprana adolescencia suelen considerarse una etapa para la mera búsqueda del placer. El resultado trágico de esta manera de pensar es que muchos adolescentes buscan el placer en sustancias que los pueden perjudicar. No se dan cuenta de que una relación personal con Dios puede ser una verdadera fuente de placer que durará toda la vida.

Ayudar a los adolescentes y jóvenes a entender los beneficios de permitirle a Dios, y no a las drogas, que controle sus vidas.

Los alumnos:
• identificarán experiencias que pueden hacer que las personas tengan sensaciones intensas;
• contrastarán la sensación intensa producida por las drogas y el gozo de la vida que resulta al seguir a Dios;
• examinarán lo que la Biblia dice acerca de tener a Dios como fuente de placer en la vida; y
• realizarán un torbellino de ideas en cuanto a alternativas positivas para disfrutar sin drogas.

Busque los siguientes pasajes de las Escrituras. Luego lea los párrafos de explicación que siguen, para ver cómo los pasajes bíblicos se relacionan a sus adolescentes.

En **Salmo 37:4** el autor explica los beneficios de permitirle a Dios ser nuestra fuente de placer.

En el Antiguo Testamento se presenta siempre un contraste entre quienes buscan el placer en una relación personal con Dios y quienes lo buscan en cualquier otra cosa, pero no en Dios. Este pasaje nos recuerda que cuando nos deleitamos en el conocimiento de Dios, podemos experimentar una satisfacción profunda y perdurable.

Los adolescentes y jóvenes de hoy pueden aprender que lo que dio resultado en los tiempos del Antiguo Testamento también dará resultado hoy. Dios no es un genio cósmico que nos concede todos nuestros deseos, sino que obra en y alrededor de nosotros para mostrarnos que nos ama. Una relación personal con Dios nos da

META DE LA LECCIÓN

OBJETIVOS

BASE BÍBLICA
SALMO 37:4
LUCAS 12:15-21
EFESIOS 5:15-18

una felicidad mucho mayor que la sensación temporal que las drogas proporcionan.

En **Lucas 12:15-21** Jesús nos advierte en contra de un estilo de vida que anda de festejo en festejo ignorando a Dios.

Las parábolas de Jesús siempre tienen una enseñanza específica y ésta no es la excepción. Aquí el hombre de la parábola se obsesiona tanto por las cosas materiales y su propio placer que aleja a Dios de su vida y, al hacer esto, lo pierde todo.

Los jóvenes tienen suficientes cosas que encarar a medida que van creciendo y, por lo tanto, no necesitan los problemas asociados con las drogas. Necesitan, en cambio, aprender de qué manera Dios puede constituir su enfoque o centro, y así agregar una perspectiva saludable de lo que es realmente importante.

En **Efesios 5:15-18** Pablo les habla a los creyentes primitivos acerca del contraste entre obtener una sensación placentera por medio de una droga (alcohol) o deleitarse en el Señor.

Los líderes de la iglesia primitiva les recordaban constantemente a las congregaciones que debían tomar decisiones sensatas. El mensaje de Pablo en este caso era que cada día constituye una oportunidad que no se debe desperdiciar, una nueva oportunidad de ser llenos del amor de Dios.

Los jóvenes también necesitan que se les recuerde que deben tomar decisiones sabias. Estos versículos los ayudarán a deleitarse en Dios en lugar de en los potenciales y peligrosos placeres de las drogas.

UN VISTAZO A ESTA LECCIÓN

Sección	Minutos	Lo que harán los alumnos	Materiales
Apertura (Opción 1)	5 a 10	**Placeres y elevaciones** - Competir para construir la torre más alta.	Revistas, cinta adhesiva, papel grueso o cartulina
(Opción 2)		**Encestar razones** - Tratar de encestar papeles en una bolsa.	Papel, lápices, bolsas de papel medianas
Acción y Reflexión	15 a 20	**Placeres diferentes** - Experimentar las diferencias entre las actividades bajo control y fuera de control.	Vendas para los ojos, pelotas playeras, música (opcional), hoja de ejercicios "Pasos" (p. 35)
Aplicación bíblica	10 a 15	**El placer de la fe** - Examinar lo que la Biblia dice acerca de los placeres y sus consecuencias.	Biblias, papel, marcadores, cinta adhesiva, latas o botellas vacías de bebida gaseosa o jugo
Compromiso	5 a 10	**Receta para pasar un buen rato** - Escribir "recetas" para compañeros.	Biblias, papel, lápices
Clausura (Opción 1)	hasta 5	**Cinco placeres** - Decir cosas positivas de los demás.	Hoja de ejercicios "Una receta para la vida" (p. 36), lápices
(Opción 2)		**Tarjetas que deleitan** - Escribir tarjetas a los demás.	Tarjetas de archivador (8 x 13 cm) u hojas pequeñas de papel, lápices

La lección

☐ OPCIÓN 1: PLACERES Y ELEVACIONES

Forme grupos de no más de cinco personas. Déle a cada grupo revistas, papel grueso o cartulina y cinta adhesiva. Indíqueles que deben buscar y recortar cuadros que ilustren situaciones de placer; no solamente las sensaciones extremas relacionadas con las drogas sino cualquier tipo de sensación placentera. Después cada grupo deberá construir la torre de papel más alta que pueda, y que se sostenga erguida por sí sola. Luego deberán pegar en la parte superior los recortes que seleccionaron. Explíqueles que el grupo que haya hecho la torre más alta será el ganador. Déles tres minutos. Luego anuncie al grupo ganador. Pregunte:

• **¿Fue fácil encontrar en las revistas cuadros que muestren situaciones placenteras? Expliquen.** (Sí, hay muchas cosas que las personas consideran placenteras; no, no pude encontrar nada que se relacionara con las drogas o la bebida).

• **¿Cómo se sintieron al competir en esta actividad?** (Entusiasmados; nerviosos).

• **¿De qué manera esos sentimientos se parecen o no a las sensaciones asociadas con los placeres y "vuelos" de las drogas?** (Es similar porque esos placeres nos harían sentir ansiosos; son muy diferentes, ya que los "vuelos" no se pueden controlar, pero estos sentimientos sí).

Pida que los jóvenes describan los cuadros que pegaron a sus torres y por qué los seleccionaron.

Diga: **Hoy analizaremos diferentes clases de sensaciones placenteras que las personas procuran. Pero primero veamos qué pasos dan ellas para experimentarlas.**

☐ OPCIÓN 2: ENCESTAR RAZONES

Forme grupos de no más de cuatro personas. Déle a cada grupo papel, lápices y una bolsa de tamaño mediano. Pídales que piensen en dos o tres razones que las personas dan para decir que está bien usar drogas. Cada joven debe escribir sus razones en su propia hoja de papel. Por ejemplo, alguien podría escribir: "Las drogas hacen que uno se sienta bien," o "Las drogas no perjudican." Pida que cada grupo elija un voluntario. Entonces pida que los voluntarios se ubiquen en un extremo del salón, con su respectiva bolsa abierta boca arriba y sosteniéndola sobre la cabeza. Pida que el resto de los miembros del equipo se coloquen como a 3 metros de su compañero.

Cada persona, por turno, debe leer en voz alta lo que ha escrito en su papel. Luego debe estrujar su papel haciéndolo una bola y entonces lanzarla tratando de encestarla en la bolsa que su compañero está sosteniendo sobre su cabeza.

Luego de que hayan lanzado todas las razones pregúnteles:

• **¿Cómo los hizo sentir esta actividad?** (Frustrados; enojados).

APERTURA

(5 a 10 minutos)

• **¿Fue fácil encestar las bolas de papel en la bolsa?** (No; muy fácil; muy difícil).

• **¿De qué manera el esfuerzo por encestar las bolas de papel en la bolsa se parece al esfuerzo de tratar de justificar el uso de drogas?** (La mayoría de las razones no dan en el blanco; no es fácil justificar el uso de drogas).

Diga: **Cuando las personas tratan de justificar el uso de drogas frecuentemente dicen cosas como las que escribieron en los papeles. Pero los peligros de consumir drogas son mucho peor que los supuestos beneficios que dan. Vamos a analizar cómo el llegar a conocer a Dios es mucho mejor que tratar de "darse un vuelo" usando las drogas.**

ACCIÓN Y REFLEXIÓN
(15 a 20 minutos)

DIFERENTES PLACERES

Forme dos grupos. Luego cubra con una venda los ojos de los miembros de un equipo. Déle a cada grupo una pelota playera, y pídales que formen un círculo, para jugar lanzándose la pelota unos a otros. Los miembros del grupo con los ojos vendados probablemente necesitarán que alguien los ayude a encontrar la pelota cuando alguien la deja caer, pero primero déjelos que traten de encontrarla sin ayuda. Si lo desea toque alguna música alegre mientras los grupos juegan con la pelota. Anímelos a divertirse. Después de unos minutos dé la señal para finalizar el juego y pídales que formen un solo círculo.

Pregúntele al grupo con los ojos vendados:

• **¿Cómo se sintieron al lanzar la pelota?** (Frustrados; perdimos más tiempo tratando de encontrar la pelota que lanzándola).

• **¿Fueron ustedes los que controlaron el juego o fue el juego el que los controló a ustedes?** (Nosotros lo controlábamos, pero sólo a veces; el juego nos controlaba a nosotros).

• **¿En qué se parecería esto a la falta de control que las personas experimentan cuando usan drogas?** (Las personas podrían no saber lo que están haciendo; las personas se sentirían confundidas).

Pregúntele al grupo que no tenía los ojos vendados:

• **¿Cómo se sintieron al lanzar la pelota?** (Fue divertido; nos gustó; fue lindo).

• **¿Fueron ustedes los que controlaron el juego o fue el juego el que los controló?** (Nosotros, porque podíamos ver lo que estábamos haciendo).

Pregúnteles a todos:

• **¿Cuáles son los aspectos negativos de lanzar la pelota con los ojos vendados?** (Alguien podría salir lastimado; alguien podría haber chocado con la pared; todos se veían como tontos).

• **¿Cuáles son los aspectos negativos de ser controlados por las drogas?** (Uno puede morirse; uno podría hacer tonterías).

Diga: **De la misma manera que el grupo con los ojos vendados no tuvo el control, las personas que buscan placeres en las drogas pierden el control. Las sensaciones de placer que dan las drogas pueden ser peligrosas.**

• **¿Qué es un placer, y a qué llaman "vuelo" los que usan drogas?** (Es algo que uno hace y que lo hace sentirse bien; es la sensación de placer que se siente al consumir drogas).

Forme grupos de no más de cinco. Déle a cada grupo el ejercicio "Pasos" (p. 35). Diga: **Cuando alguien experimenta esta sensación de placer ocasionada por las drogas, usualmente se debe a una decisión que él o ella mismo ha tomado.**

Pídales que lean la hoja de ejercicios y que dialoguen sobre las siguientes preguntas:

• **¿En qué buscan las personas este tipo de placeres?**

• **¿Cuán fácil es decidir no buscar esas sensaciones placenteras que podrían resultar peligrosas?**

Diga: **Las personas disfrutan al sentirse bien, y esto es lo que la droga promete. Desafortunadamente, hacen mucho más daño que bien, por eso es importante evitarlas.**

Dios nos ha dado otras maneras de disfrutar de la vida, deleitándonos en Él. Veamos que nos dicen las Escrituras respecto a deleitarnos en Dios y no en las drogas.

EL PLACER DE LA FE

Forme parejas, y asigne a cada pareja uno de los siguientes pasajes bíblicos: Salmo 37:4, Lucas 12:15-21 o Efesios 5:15-18. Déle a cada pareja una hoja de papel y un lápiz, y pídale que lea el pasaje bíblico asignado y que dialoguen entre sí sobre cómo el pasaje bíblico se puede aplicar en la actualidad. Por ejemplo, una pareja que tenga asignado Efesios 5:15-18 podría comentar sobre la importancia de escoger actividades que no conduzcan al consumo de drogas o de cerveza y licor.

Dígales que cada pareja debe escribir un poema o canción de cuatro a ocho versos y que describa cómo este pasaje se aplica a ellos. Pida que cada pareja lea para toda la clase, y en voz alta, su poesía o canción. Pregunte:

• **¿Cómo podemos deleitarnos en Dios?** (Leyendo la Biblia; yendo a la iglesia; aprendiendo más del amor de Dios).

• **¿Cuáles son las principales diferencias entre deleitarse en Dios y un "darse un vuelo" con drogas?** (Las drogas matan, Dios salva; las drogas te hacen daño, Dios sana).

• **Dios quiere que disfrutemos de la vida, y no que nos destruyamos. ¿Qué clase de sensaciones placenteras creen que están bien para Dios?** (Las cosas que nos acercan a Él; disfrutar de la naturaleza).

Diga: **Hay quienes opinan que necesitan algún "estimulante" cuando están pasando por momentos duros. Ahí es cuando muchos se dan a las drogas. Si no podemos darnos a las drogas o a la bebida, ¿qué podemos hacer para sentirnos bien? Realicemos un torbellino de ideas al respecto.**

RECETA PARA PASAR UN BUEN RATO

Dirija a los jóvenes mientras realizan un torbellino de ideas respecto a cosas que los cristianos *sí pueden* hacer para sentirse bien. Luego forme parejas. Déle a cada joven una hoja de ejercicios "Una receta para la vida" (p. 36) y un lápiz, pida que cada uno escriba una receta para la vida que quisiera darle a su compañero. Deben incluir

APLICACIÓN BÍBLICA

(10 a 15 minutos)

COMPROMISO

(10 a 15 minutos)

cosas específicas para "sentirse bien" y deleitarse en Dios a la vez. Por ejemplo: "Asiste a un concierto de música cristiana," o "Pídele a un amigo que te hable del amor de Dios." Después de cinco minutos pida que los jóvenes intercambien sus recetas y describan su contenido. Luego, que uno ore por el otro, pidiéndole a Dios que les dé fortaleza para evitar los peligrosos placeres de las drogas y, en lugar de ello, buscar a Dios.

CLAUSURA
(hasta 5 minutos)

☐ OPCIÓN 1: CINCO PLACERES ELEVADOS

Forme un círculo. Diga: **Dios nos puede dar la fortaleza para vencer la tentación de las drogas. ¿Quién las necesita? Con la dirección de la Biblia podemos ayudarnos mutuamente a sentirnos bien sin necesidad de drogas.**

Pida que voluntarios, por turno, den un paso hacia adentro del círculo para recibir un halago de cada persona en el grupo. Cada uno debe decirle un comentario positivo sobre su persona, como por ejemplo: "Cantas muy lindo," "Tienes una sonrisa muy encantadora," o "Estoy muy contento de tenerte como amigo." Asegúrese de que todos tengan su turno de recorrer el círculo.

Concluya con una oración, celebrando las muchas buenas cosas que Dios nos ha dado para que nos deleitemos.

☐ OPCIÓN 2: TARJETAS QUE DELEITAN

Forme un círculo. Déle a cada joven una tarjeta de 8 x 13 cm, papel y un lápiz. Pida que cada joven escriba su nombre en la parte superior. Luego dígales: **Las sensaciones de placer que ofrecen las drogas son peligrosas. Pero el placer que encontramos cuando otros dicen buenas cosas, no sólo es positivo, sino también importante. En unos momentos cada uno de ustedes va a decir algo positivo acerca de otros miembros de la clase. Vamos a darle a cada uno una saludable dosis de estímulo para su propia estima.**

Pasaremos las tarjetas de persona en persona. Cada persona debe leer el nombre que consta en el papel, y escribir algo agradable que haga que esa persona se sienta bien. Por ejemplo, pueden escribir: "Me parece que eres un gran amigo," o "Tienes mucho talento." Recuerden que deben decir sólo cosas positivas y ser sinceros.

Pida que pasen las tarjetas, en sentido de las manecillas del reloj, hasta que vuelvan a recibir la propia. Pídales que la lean en silencio. Luego ore pidiéndole a Dios que les dé fortaleza para evitar las drogas y, en su lugar, deleitarse en Él.

Si aún le queda tiempo...

Recuerda cuando... - Forme grupos de no más de cinco. Pídales que piensen en las cosas "sencillas" que les hacían sentir bien cuando eran pequeños; por ejemplo: la navidad, una visita al zoológico, los cumpleaños. Anímelos para que relaten esas experiencias. Luego relacione estos buenos sentimientos con el placer que las personas derivan de servir a Dios.

Confección de carteles sobre el placer - Forme grupos de no más de cinco personas. Déle a cada grupo marcadores y una hoja grande de papel periódico. Pídales que diseñen y preparen un cartel basado en el tema "Disfruta en Dios y no en las drogas." Luego pida que cada grupo exhiba su cartel y explique de qué se trata.

PASOS

A continuación encontrarás los pasos que las personas suelen dar cuando consideran experimentar placer. Habla en tu grupo acerca de los lugares en donde las personas hallan oportunidades para encontrar placer.

Paso 1: Encuentro - La sustancia, situación o persona responsable de producir una sensación placentera es puesta a tu alcance.

Paso 2: Decisión - Resuelves experimentar el placer. De otro modo, todo termina allí.

Paso 3: Acción - Llevas a la práctica la decisión que tomaste.

Paso 4: Sujeción - Por unos momentos, la sustancia que produce placer te subyuga; quedas bajo el control de esa sustancia.

Paso 5: Suceso - Experimentas las sensaciones asociadas con ese placer.

Paso 6: Consecuencias - Sufres las consecuencias físicas, emocionales, mentales, sociales y espirituales de haber escogido buscar ese placer.

Se otorga el permiso para reproducir esta página para uso de la iglesia local. Copyright © Editorial Acción, Box 481, Loveland, CO 80539, EE.UU.

Una receta para la vida

Escribe una receta para la vida, que le pueda servir a tu compañero o compañera de pareja esta semana. Incluye alternativas prácticas que le permitan evitar la búsqueda del placer en las drogas. También incluye maneras en que tu compañero puede deleitarse en Dios durante esta semana. Sé preciso en tu receta. Por ejemplo si dices: "Lee tu Biblia," cerciórate de sugerir algunos pasajes que podrían ayudarlo o darle ánimo.

Nombre del paciente: _____

Nombre del que prescribe la receta: _____

Fecha: _____

Descripción de la receta: _____

Se otorga el permiso para reproducir esta página para uso de la iglesia local.
Copyright © Editorial Acción, Box 481, Loveland, CO 80539, EE.UU.

CÓMO VENCER LA TENTACIÓN

LECCIÓN 4

Los jóvenes, y en especial los adolescentes, tienden a ser idealistas. Su idealismo puede ser una gran fuerza para ayudarlos a resistir las presiones negativas. Sin embargo, si opinan que no tienen alternativas positivas, es peligrosamente fácil que los jóvenes y adolescentes se rindan.

Ayudar a los adolescentes a desarrollar maneras prácticas para alejarse de las drogas y las bebidas alcohólicas.

Los alumnos:
- **experimentarán cómo la presión positiva puede ayudarlos a evitar el uso de las drogas y las bebidas alcohólicas;**
- **estudiarán la perspectiva bíblica sobre la tentación;**
- **realizarán un torbellino de ideas en cuanto a maneras prácticas de ayudar a sus amigos a vencer la tentación que las drogas y las bebidas alcohólicas entrañan; y**
- **tomarán medidas positivas para enfrentarse a la presión de beber licor o usar drogas.**

Busque los siguientes pasajes de las Escrituras. Luego lea los párrafos de explicación que siguen, para ver cómo estos pasajes se relacionan a sus adolescentes y jóvenes.

Gálatas 6:2 es el recordatorio que Pablo nos da sobre la necesidad de cuidarnos unos a otros.

Los cristianos de la iglesia primitiva se necesitaban los unos a los otros. La vida era dura para muchos de ellos. Sobrellevar los unos las cargas de los otros era más que retórica sentimental; era cuestión de supervivencia.

Los adolescentes de hoy necesitan también velar los unos por los otros. Cuando se enteran de los problemas y debilidades de otra persona, pueden ayudarse mutuamente y saber que no están solos en las luchas de la vida.

En **1 Timoteo 4:12,16** Pablo alienta a Timoteo a ser un ejemplo ante aquellos que lo rodeaban.

META DE LA LECCIÓN

OBJETIVOS

BASE BÍBLICA
GÁLATAS 6:2
1 TIMOTEO 4:12,16
2 TIMOTEO 2:22

Timoteo fue producto de un hogar con un padre ausente. Pablo le podría haber dicho a Timoteo: "Lamento que la vida haya sido tan difícil. Debes darte un descanso." Pero en lugar de eso Pablo le presentó a Timoteo el reto de buscar la excelencia espiritual, y de ser un ejemplo ante los que lo rodeaban.

Presentar a los adolescentes y jóvenes el reto de buscar la excelencia espiritual y moral es hoy mucho más crítico que nunca.

En nuestra sociedad en que "dejarse llevar por la corriente" puede conducirnos a serios problemas, los adolescentes y jóvenes que llevan vidas responsables pueden ser un poderoso y verdadero ejemplo para sus amigos y compañeros.

En **2 Timoteo 2:22** Pablo aconseja a Timoteo sobre cómo lidiar con la tentación.

Pablo sabía que jugar con la tentación podía arruinar la vida de un joven. Por eso le aconsejó a Timoteo que se alejara velozmente de las situaciones de tentación y que se concentrara en las cosas que agradan a Dios.

Los adolescentes contemporáneos pueden evitarse mucho pesar si tan sólo se alejan velozmente de las situaciones que pueden constituir una tentación.

UN VISTAZO A ESTA LECCIÓN

Sección	Minutos	Lo que harán los alumnos	Materiales
Apertura (Opción 1)	10 a 15	**Decir que "no" y dibujar** - Dibujar cosas a las que la gente dice que no, para que otros traten de adivinarlas.	Papel, lápices, cinta adhesiva, papel periódico y marcadores, o pizarrón y tiza (gis)
(Opción 2)		**Letreros "No"** - Realizar un torbellino de ideas en cuanto a maneras creativas para decir que no a las drogas y a las bebidas alcohólicas.	Sábana o tela grande vieja, marcadores
Acción y Reflexión	10 a 15	**Bolsas de diferencia** - Experimentar presión positiva de iguales, amigos o compañeros.	Bolsas grandes de papel o tela (de las que se usan en los juegos o carreras de embolsados), marcadores
Aplicación bíblica	10 a 15	**Cómo vencer la tentación** - Examinar pasajes bíblicos que tratan acerca de la tentación y de la responsabilidad.	Hoja de ejercicios "Cómo vencer la tentación," (p. 44), lápices, Biblia
Compromiso	5 a 10	**Cuñas comerciales positivas** - Crear cuñas o anuncios comerciales sobre cómo decir que no a las drogas y las bebidas alcohólicas.	Grabadora de casete, casete en blanco (si puede conseguirlo)
Clausura (Opción 1)	hasta 5	**"Petrificados" pero sobrios** - Confeccionar una manualidad con piedras que tengan un recordatorio de las Escrituras.	Piedras pequeñas, marcadores, Biblia
(Opción 2)		**Diferentes pero fuertes** - Comprometerse a respaldarse los unos a los otros durante la semana que viene.	Bolsas (las mismas que usó anteriormente)

La lección

☐ OPCIÓN 1: DECIR QUE "NO" Y DIBUJAR

Pida que los jóvenes mencionen alguna cosa a la cual las personas le dicen que no. Por ejemplo: usar drogas, ir a ver una película catalogada "para adultos," comer brócoli o zanahorias. Pídales que anoten su idea en una hoja separada de papel, y que no la muestren a nadie.

Fije dos hojas grandes de papel a la pared (o use el pizarrón). Forme dos grupos. Recoja las hojas, conservándolas separadas por grupo. Luego coloque cada pila de papeles, cara abajo, frente al equipo opuesto. Empiece pidiendo que un miembro de uno de los grupos tome uno de los papeles de la pila que su grupo tiene al frente, y que trate de dibujar en la hoja de papel la acción que se describe. Su equipo tendrá 20 segundos para adivinar lo que está dibujando. Si adivina correctamente recibe un punto a su favor. Si no adivina antes de que se le acabe el tiempo, el otro grupo recibe un punto. Los encargados de dibujar no podrán hablar ni decir de qué se trata, ni tampoco escribir letras, palabras, números o símbolos.

Vaya llamando en forma alterna a los miembros de cada equipo, asegurándose de que todos tengan la oportunidad de participar. Si tiene un grupo muy grande, entonces forme cuatro grupos.

Al terminarse el juego cuente los puntos obtenidos y anuncie cuál grupo es el ganador. Luego pregunte:

• **¿Qué pudieron observar acerca de las cosas a las cuales la gente le dice que no?** (Hay muchas cosas; la gente le dice que no tanto a cosas buenas como a cosas malas).

• **¿Fue fácil dibujar o adivinar las acciones?** (Fue muy difícil; fue fácil; fue bastante difícil).

• **¿Cuán fácil es decir que no a las cosas que los demás escribieron en sus papeles?** (Muy fácil; es difícil).

Diga: **Hemos visto algunas cosas muy interesantes a las cuales la gente le dice que no. Pero no siempre es fácil decir que no cuando los amigos nos presionan. Hoy vamos a descubrir maneras creativas de decir que no a las drogas y a las bebidas alcohólicas.**

☐ OPCIÓN 2: LETREROS DE "NO"

Cuelgue del cielo raso en alguna parte del salón, y por una esquina, una sábana o tela vieja grande, pero no cerca de la pared. Déle a cada joven un marcador.

Diga: **Las leyendas pintarrajeadas en las paredes usualmente son negativas o degradantes. Pero hoy nosotros vamos a crear una leyenda positiva.**

Pida que los jóvenes piensen en maneras y razones por las cuales deben decir que no a las drogas y las bebidas alcohólicas. Por ejemplo, alguno podría escribir: "No necesito las drogas; hay cosas mejores por las cuales vivir," o "Beber licor es de tontos."

APERTURA

(10 a 15 minutos)

Pídales que usen los marcadores para escribir sus ideas en la sábana o tela vieja que colgó. Como no está fija, los jóvenes tendrán que ayudarse mutuamente sosteniéndola mientras que otros escriben. Aliente a los jóvenes a ser creativos y a añadir ilustraciones adecuadas para sus ideas.

Luego de seis o siete minutos, detenga la actividad y pida que formen un semicírculo frente a la sábana o tela. Sujete al cielo raso la esquina opuesta de la sábana o tela, de manera tal que cuelgue abierta y se pueda leer y ver lo que escribieron. Pregunte:

- **¿Cómo se sienten con respecto a las cosas que se escribieron?** (Confiados; fuertes; orgullosos).
- **¿Cómo se sintieron al trabajar juntos en este proyecto? Expliquen.** (Frustrados porque tuvimos que sostener la tela para otra persona; bien, nos gustó trabajar en conjunto).
- **¿En qué se parece el trabajar juntos en este proyecto a tratar juntos de evitar las drogas y las bebidas alcohólicas?** (Todos tenemos que ayudarnos unos a otros; necesitamos prestar atención a las ideas de los demás).

Diga: **De la misma manera en que tuvieron que trabajar juntos en estas leyendas para llevar a cabo la tarea, así deben apoyarse los unos a los otros para luchar contra las tentaciones de las drogas y las bebidas alcohólicas. Hoy descubriremos cómo.**

Ponga en exhibición la tela de las leyendas en algún lugar del salón, como un recordatorio para que los jóvenes se ayuden mutuamente a vencer la tentación que presentan las drogas y las bebidas alcohólicas.

ACCIÓN Y REFLEXIÓN

(10 a 15 minutos)

BOLSAS DE DIFERENCIA

Pida que un voluntario pase al frente de la clase, tome una bolsa grande y se pare dentro de ella. Tal vez este alumno no quiera hacerlo. Anímelo a que lo haga de todos modos. Luego, con la persona de pie dentro de la bolsa, use un marcador de color oscuro para escribir en el frente de la bolsa la palabra "diferente" en letras bien grandes.

Pregúntele al voluntario:

- **¿Cómo te sientes?** (Tonto; ridículo; bien).

Pida otro voluntario e indíquele que pase al frente. Tome otra bolsa grande y pídale que se pare dentro de ella junto al primer voluntario. Una vez más use el marcador para escribir la palabra "diferente" en la bolsa. Indíqueles que pueden ayudarse apoyándose el uno en el otro.

Pregúntele al segundo voluntario:

- **¿Cómo te sientes?** (Tonto; ridículo; bien).

Repita este proceso hasta que todos formen un círculo de personas de pie en bolsas con la palabra "diferente" escrita en ellas. No olvide incluirse usted también en el círculo, en su propia bolsa. Tal vez los adolescentes se quejen de que esta es una actividad "tonta." Si es así, pregúnteles por qué. Coménteles cuán fácil es sentirse incómodo cuando se hacen cosas que los demás piensan que son "ridículas." Pregunte:

- **¿Cómo se sienten ahora?** (Como tontos; bien).

• **¿Cuál es la diferencia entre tener sólo a una persona parada dentro de la bolsa y que todos se encuentren parados dentro de sus bolsas?** (Ninguno se ve diferente ahora; todos parecemos algo tontos).

• **¿En qué se parece lo que sienten al estar parados dentro de las bolsas a lo que sienten cuando tienen que decirle que no a las drogas y las bebidas alcohólicas en un grupo de amigos que está usando drogas o bebiendo?** (Se siente lo mismo; se nos llama malos amigos; nos sentimos ridículos).

Pregunte a los dos o tres últimos alumnos:

• **¿Cómo se sintieron cuando todos los demás se encontraban en las bolsas y ustedes no?** (Incómodos; bien; nerviosos).

Pregúntele al primer voluntario:

• **¿De qué manera cambió la forma en que te sentías al ver que los demás también se iban parando dentro de sus bolsas?** (Me sentí más cómodo; no me sentí tan tonto).

• **¿Pudieron sostener mejor el equilibrio a medida que otros se unían al grupo?** (Sí, fue fácil porque me podía apoyar en mi compañero; me sentí más seguro cuando los demás me rodeaban).

• **¿Qué podemos aprender de esta actividad que puede ayudarnos a enfrentar las presiones a usar drogas y bebidas alcohólicas?** (Si todos decimos que no juntos, no nos sentiremos tan tontos; si nos ponemos de acuerdo para decir todos que no, nos convertiremos en una presión positiva; podemos ayudarnos apoyándonos los unos en los otros).

Diga: **Cuando alguien hace algo diferente de lo que el grupo hace, esa persona puede parecer diferente (tal como nuestro primer voluntario). Pero si otros se le unen, ya no se lo ve tan diferente. Es más, puede llegar a dictar una nueva corriente. Cuando esta persona elija evitar las drogas y las bebidas alcohólicas, quienes beben y usan drogas comenzarán a sentir presión para dejar de hacerlo.**

Imagínense la diferencia que haría entre sus compañeros si pudieran iniciar un movimiento popular que diga: "No está bien beber licor o usar drogas." Es un gran desafío, pero no una tarea imposible. Con la ayuda que hallamos en la Biblia podemos comenzar a influir en las vidas de muchos que beben y usan drogas.

CÓMO VENCER LA TENTACIÓN

Déle a cada joven una copia de la hoja de ejercicios "Cómo vencer la tentación" (p. 44) y un lápiz. Lea en voz alta los siguientes pasajes: Gálatas 6:2; 1 Timoteo 4:12,16 y 2 Timoteo 2:22. Deje pasar un par de minutos entre pasaje y pasaje para que los alumnos completen el ejercicio. Luego forme parejas. Pídales que intercambien sus respuestas con sus compañeros. Use la hoja de ejercicios y las siguientes preguntas:

• **¿Por qué es importante evitar las drogas y las bebidas alcohólicas?**

• **¿De qué manera estos pasajes pueden ayudarnos a vencer la tentación?**

APLICACIÓN BÍBLICA

(10 a 15 minutos)

Pida luego que cada persona separe la sección del ejercicio titulada "Por el bien de mis amigos," y que se la dé a su compañero de pareja como incentivo para vencer la tentación de las drogas y las bebidas alcohólicas. Forme un círculo. Pida que, por turno, lean en voz alta la sección "Por el bien de mis amigos" que recibieron de su compañero. Luego, que todos vayan extendiendo los brazos hacia sus compañeros hasta culminar en un abrazo colectivo. Pregunte:

• **De acuerdo a los pasajes bíblicos que hemos leído, ¿cómo quiere Dios que respondamos a la tentación de usar drogas y bebidas alcohólicas?** (Que las evitemos; que nos alejemos de ellas; que busquemos más bien a Dios).

• **¿Qué puede ayudarnos a vencer la tentación?** (Pedir la ayuda de Dios; el apoyo de nuestros amigos; una fe fuerte).

Diga: **Darse un vuelo con drogas o emborracharse puede ser popular entre algunos. Pero, con la ayuda de Dios, ustedes pueden vencer la tentación. También pueden ayudar a sus amigos a vencer la tentación de enredarse en las drogas y las bebidas alcohólicas.**

COMPROMISO
(5 a 10 minutos)

ANUNCIOS COMERCIALES POSITIVOS

Diga: **Aunque tal vez algunos de ustedes sean lo suficientemente fuertes como para vencer la tentación, y no enredarse en las drogas o bebidas alcohólicas, es casi seguro que algunos de sus amigos no lo serán. Sin decir nada en voz alta, ¿conocen a alguien que esté teniendo estos problemas con las drogas o las bebidas alcohólicas? Pensemos de qué manera podemos ayudarlo.**

Dirija al grupo a realizar un torbellino de ideas sobre cosas prácticas que pudieran hacer para ayudar a sus amigos que tengan problemas para vencer la tentación de las drogas y el licor. Anote las ideas en el pizarrón o en un papel. Por ejemplo, alguien podría sugerir: "Tratar de interesarlo en otras actividades," "Invitarlo a que se una a nuestra clase para recibir apoyo moral." Cuando hayan mencionado unas 10 cosas, forme grupos de no más de cuatro. Asígnele a cada grupo una diferente.

Indique que disponen de un par de minutos para componer o preparar una cuña radial o anuncio comercial de 15 a 30 segundos de duración, basado en el tema que le fue asignado. Cuando la tenga lista pídales que la graben en el casete que ha preparado. Si puede conseguir una videocámara, úsela para grabar. Luego pida que tomen asiento y escuchen o vean los comerciales. Pídales que se comprometan a ayudar durante la próxima semana a algún amigo a vencer la tentación. NOTA: En caso de no contar con grabadora o videocámara, dramaticen el anuncio comercial frente a la clase.

CLAUSURA
(hasta 5 minutos)

☐ OPCIÓN 1: "PETRIFICADOS" PERO SOBRIOS

Déle a cada joven una piedra o roca pequeña y un marcador de tinta permanente. Cada piedra deberá ser lo suficientemente lisa y grande como para que se pueda escribir en ella el pasaje de 1 Timoteo 4:12, pero a su vez tan pequeña como para que quepa en un bolsillo o en la cartera. En caso de que no pueda conseguir piedras apropiadas, en las que se pueda escribir, recorte pequeñas tiras de papel para escribir el versículo y luego adherirlo. Forme un círculo y diga: **Un talismán es algo que ayuda a recordar un pensamiento o idea importante. En sus piedras escriban 1 Timoteo 4:12. Cuando todos terminen, leeré el versículo en voz alta.**

Pida que cada joven le dé su talismán a la persona que tienen a la izquierda y le digan una medida que tomarán para vencer la tentación. Por ejemplo: "Evitaré ir a fiestas en las que se sirve licor," o "Hablaré con un amigo sobre su problema."

Finalmente concluya con una oración: **Señor, gracias por amarnos y darnos la fortaleza para ser buenos ejemplos ante los demás. Permite que estas piedras sean un recordatorio del poder que Tú nos das para vencer la tentación de las drogas y las bebidas alcohólicas. Amén.**

Anime a los jóvenes a conservar las piedras como recordatorio de la fe de Dios en ellos.

☐ OPCIÓN 2: DIFERENTES PERO FUERTES

Forme un círculo. Diga: **Para vencer la tentación hay que estar dispuesto a ser diferente. No es fácil soportar que se rían de nosotros o nos pongan apodos. Sin embargo, podemos contar con las promesas de Dios para ayudarnos a vencer la tentación.**

Tome una bolsa de las que usó en el juego "Bolsas de diferencia" y arránquele un pedazo. Al hacerlo diga una cosa que hará para ayudar a la persona que se encuentra a su derecha durante la próxima semana. Por ejemplo: "Oraré por ti." Luego, pida que la persona a su derecha le quite otro pedazo a la bolsa y diga lo que él o ella hará para ayudar a la persona que se encuentra a su derecha, tal como: "Te defenderé si alguien trata de menospreciarte por no beber licor." Continúe hasta que todos hayan participado.

Diga: **Como símbolo de nuestra unidad de "diferencia," todos tenemos un pedazo de la bolsa. Consérvenlo y tráiganlo a la próxima reunión, como símbolo de nuestro apoyo mutuo.**

Durante esa semana recuérdeles que deben traer el pedazo de bolsa a la próxima reunión. Antes de comenzar la lección de la siguiente semana haga que los jóvenes armen de nuevo la bolsa, uniendo los pedazos con cinta adhesiva. Colóquela en algún lugar, a la vista de todos. Repase este curso antes de comenzar con otro tema.

Si aún le queda tiempo...

Desenlaces felices - Forme un círculo. Realice un torbellino de ideas en cuanto a cosas a las cuales ellos pueden decirle que sí, tales como: hablarle a un amigo de Jesús o ayudar a un compañero con su tarea escolar. Seleccione a un alumno para que comience. Luego, pida a la persona que se encuentra a su izquierda que diga algo a lo que también podría responder que sí, pero con la condición de que la palabra que use debe comenzar con la última letra de la última palabra que su compañero dijo. Por ejemplo: Si la persona que contestó anteriormente dijo "ayudarlo a hacer la tarea," el alumno ahora deberá decir algo que comience con la "a," como por ejemplo: "asistir a la iglesia." Realice la actividad yendo en círculo hasta que todos hayan participado por lo menos una vez. Luego destaque todas las cosas buenas a las cuales les pueden decir que sí en lugar de las drogas y las bebidas alcohólicas.

Curso de reflexión - Forme un círculo. Pida que los alumnos reflexionen sobre las cuatro lecciones pasadas. Pídales que por turno completen las siguientes frases: Algo que aprendí de este curso fue...; Si pudiera contarles a mis amigos sobre este curso, les diría...; Algo que haré diferente después de haber tomado el curso es...

Cómo vencer la tentación

Escucha cada uno de los pasajes bíblicos que se leerán. Luego, en la columna apropiada, escribe por qué el vencer la tentación de las drogas y las bebidas alcohólicas es importante para tu bien y el de tus amigos.

Pasaje	Por mi propio bien	Por el bien de mis amigos
Gálatas 6:2		
1 Timoteo 4:12, 16		
2 Timoteo 2:22		

IDEAS ADICIONALES

Los alumnos enseñan - Ayude a los adolescentes a preparar una clase para niños de escuela elemental sobre los peligros de las drogas y las bebidas alcohólicas. Los alumnos pueden usar la información de este curso para preparar la lección.

Mirarlo como realmente es - Lleve a sus alumnos a un centro de rehabilitación para drogadictos. Haga los arreglos necesarios para que un asesor del centro les explique lo que las personas deben atravesar durante el proceso de rehabilitación. Después dedique tiempo para dialogar con sus alumnos. Pregúnteles cómo se sintieron al ir al centro.

Historias verídicas - Invite a un funcionario de una organización que provee apoyo para la recuperación de alcohólicos a hablarle a su grupo. Pida a los jóvenes que preparen preguntas de antemano. Anime al conferencista a contar historias verídicas de personas que han luchado contra el uso de sustancias estupefacientes, y cómo han podido encarar esta lucha. Pídale a su pastor o a algún consejero de la iglesia que participe también y añada el enfoque espiritual adecuado.

Dramatizaciones e ideas - Pida que los jóvenes preparen y presenten una serie de dramatizaciones cortas en las que se les ofrece drogas o bebidas alcohólicas a los adolescentes. Anime a los alumnos a buscar maneras creativas de decir que no a las drogas y las bebidas alcohólicas, y que las incluyan en las dramatizaciones. Luego, haga que los jóvenes presenten sus actuaciones frente al resto de sus compañeros o para algún grupo de niños. Después de las presentaciones guíe a los jóvenes para que dialoguen sobre las dramatizaciones.

El juego de los nombres - Para este juego necesitará un dado, dos vasos (o en su lugar dos cajas pequeñas), lápices, y la hoja de ejercicio "Tabla del juego de los nombres" y sus instrucciones (pp. 47-48). Recorte las letras y las categorías que se encuentran en la mitad superior de la hoja de instrucciones. Luego, haga copias de la "Tabla del juego de los nombres" para los alumnos. Las instrucciones para el juego incluyen un ejemplo de muestra de la tabla completa.

Ponga las letras y las categorías en dos vasos o cajas por separado. Déle a cada alumno un ejemplar de la tabla y un lápiz. Diga: **El objetivo de este juego es llenar completamente la tabla con las frases o palabras apropiadas. El juego funciona así: En uno de los vasos hay 27 tiras de papel, cada cual con una letra del alfabeto. En el otro vaso hay 8 tiras de papel, cada cual con una categoría diferente, tal como: "Drogas**

REUNIONES Y MUCHO MÁS

que se consiguen sin receta," "Marcas de cervezas," "Efectos de las drogas" y "Maneras de decir que no a las drogas."

Cada persona lanzará el dado, y el número que salga indica cuántas letras puede sacar del vaso. Al sacar las letras, apúntenlas en la columna vertical de la tabla. Luego, la persona sacará tres tiras de papel del vaso de las categorías, y entonces escribirá esos nombres rápidamente en la parte superior de la tabla y comenzará a llenar el resto de los casilleros. El propósito es sencillo: Deben pensar en cosas para cada una de las categorías que empiecen con las letras que han puesto a la izquierda de sus hojas.

Ganará la persona que haya podido completar la mayor parte de los espacios cuando se dé por finalizado el tiempo de juego.

Dedique por lo menos tres minutos para este juego. Si alguien completa toda la tabla en menos tiempo, entonces éste será el ganador. Permita que jóvenes cuestionen las palabras que piensen que no corresponden a las categorías. Repita el juego varias veces (recuerde que los alumnos necesitarán una tabla nueva cada vez que jueguen). Luego, pídales que comenten sobre lo fácil o difícil que fue pensar en los nombres de las drogas, las bebidas alcohólicas u otras categorías. Hablen respecto a cómo el conocimiento de las drogas y las bebidas alcohólicas puede ser bueno al igual que malo.

Cuando te importa lo suficiente como para decir que no - Pida que los jóvenes diseñen tarjetas de saludos que alienten a otros adolescentes a decir que no a las drogas y las bebidas alcohólicas. Anímelos a que envíen o entreguen las tarjetas a sus compañeros de la escuela.

Campaña antidrogas - Dirija a los jóvenes para que desarrollen una estrategia para comenzar una campaña en contra de las drogas en sus escuelas o colegios. Diríjalos en un torbellino de ideas en cuanto a maneras de informar a sus compañeros sobre el peligro de las drogas. Sugiérales que, si es posible, trabajen en conjunto con algún profesor o dirigente de la escuela para poder planear una celebración para enfatizar el hecho de que los jóvenes no necesitan de las drogas para pasar un buen rato.

Charla de sobremesa - Use la "Charla de sobremesa" (p. 20) como base para una reunión de padres y adolescentes. Durante la reunión, pida que padres y adolescentes, juntos, completen la hoja de ejercicios y dialoguen sobre el tema. Haga con anticipación los arreglos necesarios, de modo que una parte de la reunión sea dirigida por los jóvenes y otra parte por los padres. Anime al grupo a dialogar abiertamente respecto a los peligros de las drogas y las bebidas alcohólicas. Incluya en la reunión momentos para juegos y refrescos.

FIESTAS

Sabotaje a la fiesta - Cuando los jóvenes oigan que va a haber una fiesta "mala," de esas en las que habrá licor y drogas, guíe a los jóvenes a planear rápidamente su propia fiesta sin drogas ni bebidas alcohólicas. Entonces anímelos a que inviten a los adolescentes que probablemente estén pensando ir a la fiesta "mala." Asegúrese de que en su fiesta haya suficiente diversión y abundante comida para todos. Este tipo de fiesta de sabotaje puede convertirse en una tradición en su grupo. Aprovechen la oportunidad para charlar sobre los peligros de las drogas y las bebidas alcohólicas. Para ver ideas y sugerencias en cuanto a juegos y actividades para esta fiesta de sabotaje, consiga el libro *Ideas dinámicas para reuniones de jóvenes*, publicado también por esta editorial.

Retiro o campamento de presión positiva - Planee un retiro o campamento en que los jóvenes y adolescentes puedan aprender a ayudarse mutuamente en la lucha contra la seducción de las drogas y bebidas alcohólicas. Incluya actividades o juegos en que puedan practicar los efectos de la presión positiva. Pida que cada joven se encargue de preparar y presentar un segmento de cinco minutos, explicando o comentando sobre lo que sienten respecto a las drogas y las bebidas alcohólicas, y sugiriendo maneras de decir que no. Durante el retiro o campamento guíe a los jóvenes a participar en dramatizaciones cortas basadas en sus propias experiencias al enfrentarse a la seducción de las drogas y bebidas alcohólicas. Culmine con un culto de adoración, preparado por los mismos jóvenes, y en el cual se destaque la importancia de deleitarse en Dios en lugar de en las drogas. Guíe a los jóvenes a que se comprometan a ayudarse mutuamente en la escuela para evitar las influencias negativas y las tentaciones.

RETIROS

TABLA DEL JUEGO DE LOS NOMBRES

Letras	Categoría 1:	Categoría 2:	Categoría 3:

Se otorga permiso para reproducir esta hoja para uso de la iglesia local. Copyright © Editorial Acción, Box 481, Loveland, CO 80539, EE.UU.

INSTRUCCIONES PARA EL JUEGO DE LOS NOMBRES

Recorte estas letras y póngalas en un vaso o caja.

A	B	C	D	E	F	G
H	I	J	K	L	M	N
O	P	Q	R	S	T	U
V	W	X	Y	Z		

Recorte las tiras de categorías y póngalas en otro vaso o caja.

Drogas que se consiguen sin receta	**Marcas de bebidas alcohólicas**
Maneras de decir que no a las drogas	**Drogas ilegales**
Efectos negativos de las bebidas alcohólicas	**Maneras de deleitarnos en Dios**
Marcas de bebidas gaseosas	**Programas de televisión que enaltecen las bebidas alcohólicas**

TABLA DEL JUEGO DE LOS NOMBRES

Letras	Categoría 1: Marcas de bebidas gaseosas	Categoría 2: Marcas de cervezas	Categoría 3: Maneras de decir que no a las drogas
A			Alejarnos
B			Buscar un buen amigo que nos respalde
C	Coca Cola		
P	Pepsi Cola	(que comience con la letra P)	
J			

Se otorga permiso para reproducir esta hoja para uso de la iglesia local. Copyright © Editorial Acción, Box 481, Loveland, CO 80539, EE.UU.